JA NYƆMƆ

ATSWA

ATSIKI OYI

ATOOBI

ASRAFOI

ASHINAO

ASAMANKAMA

ALAGBA TƐ

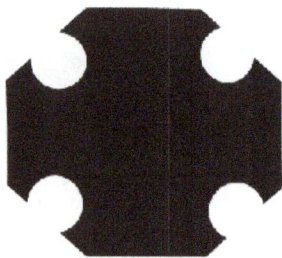

AKROMADEOKPOO

AKPAKPA

OYIWALADƆŊ

ABUI

ABABONUA

AKPOKPLOŊTO

AWƐN BƐ ƆMƆ

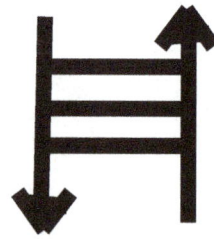

ATSWERE

ABƐƐ

GÃ SYMBOLS/GÃ SAMAI

28 Days of Homowo

A Thanksgiving and New Year's Festival

Hɔmɔwɔ Gbii 28

Shidaa kɛ Afi Hee Gbijurɔ

WRITTEN BY/Mɔ Nɪ ŊMA

FLORA A. TREBI-OLLENNU

ILLUSTRATED BY/Mɔ Nɪ Tɛŋ

ADAM PAGTAKHAN
&
ISAAC KWAKU ACHEAMPONG

Amerley Treb Books

Gã Symbols/Gã Samai copyright © Gãdangme Roots and Heritage Foundation
Gã Symbol/Gã Samai Ja Nyɔŋmɔ (umbrella) & Akromadiokpoo copyright © Abraham Ekow Asmah, Fredrick Clement & Millicent Mateko Mate. "Proverbial Symbols in Cloth for Ga Royals," European Journal of Basic and Applied Sciences Vol. 2 No. 3, 2015
ISSN 2059-3058 Progressive Academic Publishing, UK page 22
Clip Art copyright © 2004 Dream Maker Software
Market Illustration copyright © Karen Janssen
Airplane illustration copyright © Flora A. Trebi-Ollennu
Water Lily illustration copyright © Emmanuel Osei
Adashie Gã Symbols Reproduction/Adashie Gã Samai Tɛŋmɔi by Phoebe Naa-Dei Kotey
Gã Symbols Explanation/Gã Samai Ashishitsɔɔmɔi copyright © Michael Ashiteye Adashie, 2001,
Gã proverbs and symbolism as basis for painting, KNUSTSpace.
Cover Design by Amerley Treb Books
Homowo Banner Concept, Design & Illustrations copyright © 2020 & 2024 Flora A. Trebi-Ollennu
Homowo Banner Fabric Design & Illustrations copyright © 2020 & 2024 Flora A. Trebi-Ollennu
Gã Symbols/Gã Samai Ja Nyɔŋmɔ (anchor & variation), Hiɛ Ayaa, Gbɔtsui, Mɔni Yaa Faaŋ Jwaa Gbɛ
and Oyiwaladɔŋ Design & Illustrations copyright © 2024 Flora A. Trebi-Ollennu
Cover illustration copyright © Isaac Kwaku Acheampong
Book Design by Amerley Treb Books

ISBN 978-1-894718-24-0 hardcover
ISBN 978-1-894718-25-7 softcover
ISBN 978-1-894718-26-4 e-book

This book is printed on paper suitable for recycling and made from fully managed and sustained forest sources. Logging, pulping and manufacturing processes are expected to conform to the environmental regulations for the country of origin.

A catalogue record for this book is available from Library and Archives Canada

Greeting: **Ring in Homowo**
Response: **Toast and Cheer**

Usher in a year of abundance
The poor clothed and sheltered
The hungry fed with bread
The lonely thriving in love
And wisdom, abounding
Boughs in the conduct of little ones
Ever resting in Everlasting Arms

Ŋamɔ: **Hɔmɔwɔ Be Eshɛ**
Nɔheremɔ: **Eshɛ kɛ Sɔlɛ**

Wɔŋkpee O Afi O Afi
Omanye sane kɛ shweremɔ
Ohiafoi ana nɔ ni amɛbaawo
Kɛ he ni amɛbaakã
Wɔhã mɔ ni hɔmɔ yeɔ lɛ lɛ ŋmaa
Wɔkɛ suɔmɔ awa mɔ kome mɔ
Nilee kɛ ŋaawoo aheshi yɛ wɔ sa teŋ
Ni ayoo yɛ gbekɛbii anifeemɔ mli
Naanɔ Niji amli wɔjwere daa

DEDICATION

To my dear mother
Grace Fofo Ollennu
A teacher par excellence for forty years
also
To all proud Gã who are passionate
about keeping the Gã language alive.

WOLO NƆJƆƆMƆ

Miijɔɔ wolo nɛɛ nɔ miihã minyɛ kpakpa
Grace Fofo Ollennu
Tsɔɔlɔ kpakpa ni tsɔɔ ni afii nyɔŋmai-ejwɛ sɔŋŋ
kɛ
Gãnyo-krɔŋŋ fɛɛ Gãnyo-krɔŋŋ ni shwɛɛ Gã wiemɔ he ni
miiwa ni Gã wiemɔ lɛ akalaaje shi eshwere ni eheshi.

ACKNOWLEDGEMENTS

The Great God of the Bible deserves my most heartfelt thanks and gratitude for providing the wisdom, insights, and strength to produce this book. Special thanks to my mother, Mrs. Grace Fofo Ollennu, a retired teacher, for her editorial assistance and providing much needed insight into some aspects of Homowo and Gã culture.

I also want to extend my gratitude to Mrs. Rose Adjeley Tagoe-Quaye for contributing insights into aspects of the Ga language and La Homowo, and never tiring of my phone calls. Special thanks to Raphael Nii-Teiko Tagoe who determinedly assisted his sister Phoebe Naa-Dei Kotey to reproduce the Adashie Gã Symbols. To my husband and best friend, Dr. John Kwaku-Deheer Adjaye, my heartfelt thanks for your advice, encouragement and support. A big thank you to all my children for their useful comments on the work: Amerley-Fraikua, Trebi-Essilfie and Essilfua, and Papa-Ollennu.

SHIDAA

Shidaa kple mikɛ hãa Biblia Nyɔŋmɔ lɛ, mɔni hã mi ŋaa kɛ nilee kɛ niiasɛɛkɔmɔ ni wami ni hã mikɛ Homɔwɔyeli sane nɛɛ edumɔshi yɛ wolo hiɛ nɛɛ. Nitsumɔ fɛɛ nitsumɔ mɛi yɛ sɛɛ ni waa yɛ gbɛi srɔtoi anɔ ni hãa eyeɔ emuu. Miida minyɛ Mrs. Grace Fofo Ollennu shi babao. Akɛ nitsɔɔlɔ lɛ, ewa kɛ jaje Gã wiemɔ ŋmaa lɛ. Agbɛnɛ hu ebo mɔdɛŋ kɛ gbla Homɔwɔ kɛ Gãmɛi anifeemɔ nibii komɛi amli ojogbaŋŋ.

Nakai nɔŋŋ Mrs. Rose Adjeley Tagoe-Quaye hu wa kɛtsɔɔ La Homɔwɔyeli mli. Miida lɛ shi hu jogbaŋŋ diɛŋtsɛ kɛ tsui ni ena befɛɛbe ni mitswa lɛ ni etsɔɔ nibii komɛi anaa lɛ. Matsi Raphael Nii-Teiko Tagoe hu tã kɛ boni ekɛ hiɛdɔɔ wa enyɛmiyoo Phoebe Naa-Dei Kotey kɛ Adashie Gã Samai tɛŋmɔi lɛ. Eyiwaladɔŋ agboagboi. Agbɛnɛ hu mada mihefatalɔ, Dr. John Kwaku-Deheer Adjaye, shi babao kɛ eŋaawoo kɛ ewamɔ kɛ wolo lɛ feemɔ nitsumɔ lɛ. Mikɛ shidaa hu miihã mibii fɛɛ kɛ amɛ ŋaawooi bibii srɔtoi ni amɛ kɛ pia nitsumɔ lɛ sɛɛ: Amerley-Fraikua, Trebi-Essilfie kɛ Essilfua, kɛ Papa-Ollennu.

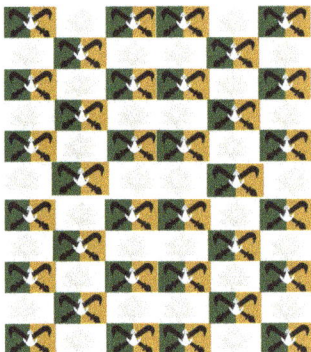

Contents

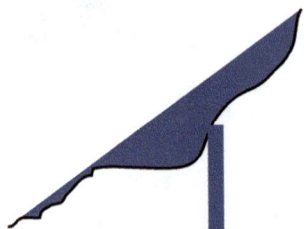

1

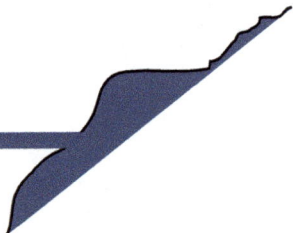

On the First Day of Homowo

One giant red snapper spawns a hundred thousand eggs in the deep blue bottom of the Atlantic Ocean.

Find it

The giant red snapper.
One hundred eggs.

Spot the difference

How many types of fish do you see? List them.

Klɛŋklɛŋ Gbi yɛ Hɔmɔwɔ Be

Tsile agbo ko ŋmɛ wɔjii babaoo, toitoi abɔ yɛ Atlantic Ŋshɔ akasesu jɔi voo lɛ amli.

Taomɔ

Tsile agbo.
Wɔjii oha.

Kadimɔ srɔto ni yɔɔ mli

Loi srɔtoi enyiɛ onaa? Ŋmaa amɛ gbɛi.

2

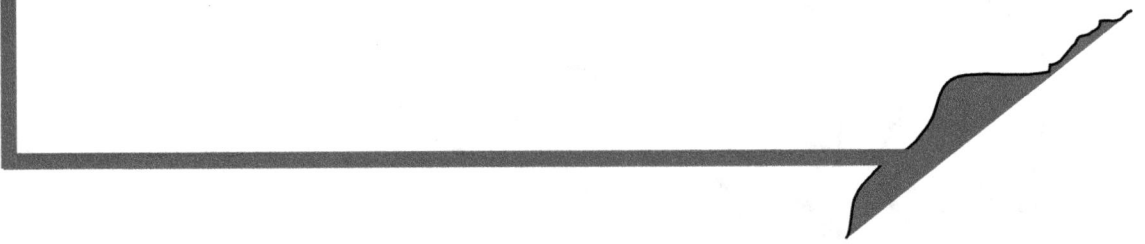

On the Second Day of Homowo

Two farmers plant two ears of corn on two large farms on the Accra Plains.

Find it

Man farmer.
Woman farmer.
Calf.

Spot the difference
How many kinds of trees do you see?
What is crawling on the leaf?

Gbi ni ji Enyɔ yɛ Hɔmɔwɔ Be

Okwaafoi enyɔ du abele tsei enyɔ wui yɛ ŋmɔjii agboi enyɔ nɔ yɛ Gã Ŋa Kplenee lɛ nɔ.

Taomɔ

Yoo okwaafonyo.
Nuu okwaafonyo.
Tsina bi.

Kadimɔ srɔto ni yɔɔ mli

Tsei srɔtoi enyiɛ onaa?
Mɛni nyiɛ baa lɛ nɔ lɛ?

13

3

On the Third Day of Homowo

Three drums, three horns, and three flutes usher in the Meditation Retreat Season with a ban on noise-making in cities. From this day on people are not permitted to collect debts until the festival is over.

Find it

Identify the song notes of the whale.

Spot the difference

How many types of vehicles do you see you?

Gbi ni ji Etɛ̃ yɛ Hɔmɔwɔ Be

Obonui etɛ̃, aklontoi etɛ̃, kɛ bɛjii etɛ̃ miishiɛ akɛ, "Naa, ala gbɛmli ee eei! Diofeemɔ kɛ kpoofeemɔ aba man muu lɛ fɛɛ mli. Mɔ ko aka yabi nyɔmɔ ni ahiɛ lɛ kɛyaashi afi lɛ naagbee."

Taomɔ

Tsɔ̃ɔmɔ heni bonso lala gbɛɛmɔ lɛ jɛɔ cɛ̃ ɛl kɛbaa.

Kadimɔ srɔto ni yɔɔ mli

Tsɔ̃jii srɔtoi enyiɛ onaa?

17

4

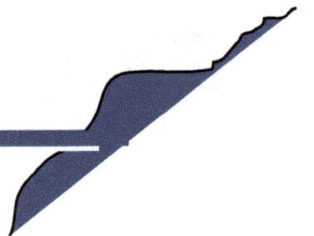

On the Fourth Day of Homowo

Members of four large churches fast and pray for forgiveness and favor through the Meditation Retreat Season. They organise four huge jamborees in four parks in four cities to celebrate the end of the Meditation Retreat Season.

Find it

What is wrong with the tree under which the children are being read to?

Spot the difference

How many types of parks do you see?

Gbi ni ji Ejwε yε Hɔmɔwɔ Be

Sɔlemɔi asafoi kpanaakpanaa ejwε hi ŋmaa kε sɔlemɔ kεbi faikpamɔ kε dromɔfalε kεyashi be ni agble gbε mli. Ni amεnya gbεgblemɔ lε he kε nifeemɔnii wuji ejwε yε maŋjaranɔ wuji ejwε yε maŋ wuji ejwε amli.

Taomɔ

Kwεmɔ tso lε ni akaneɔ nii yε shishi ahãa gbekεbii lε. Ani mfoniri ni atεŋ lε ja lo?

Kadimɔ srɔto ni yɔɔ mli

Trom srɔtoi enyiε onaa?

Peace

Grace

Retreat

Retreat

Pray
Always

DO
GOOD

Forgive
each other

Favour
Forgiveness

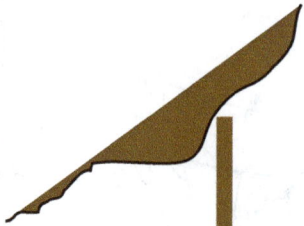

5

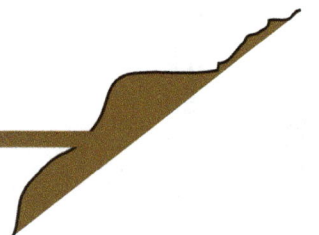

On the Fifth Day of Homowo

In the forest, five groups of loggers chop down five large trees to make five sets of large ocean going canoes along with five sets of paddles for five groups of fisherman.

Find it

Cooking pot washing ashore.

Spot the difference

Identify loggers felling trees, carving, transporting & launching.

Gbi ni ji Enumɔ yɛ Hɔmɔwɔ Be

Tsei-tolɔi kui enumɔ tee koo lɛ mli. Amɛyagbla tsei agboi enumɔ ni amɛkɛ gbɔ ahima-lɛjii kɛ tablɔi enumɔɔenumɔ kɛhã wuoyalɔi akui enumɔ.

Taomɔ

Dadeseŋ ni miikpleke kɛ'mba ŋshɔnaa.

Kadimɔ srɔto ni yɔɔ mli

Tsei-tolɔi ni'flɔ tsei, ni'gbɔ lɛjii, ni nyiɛ gbɛnɔ, ni eshɛ ŋshɔnaa.

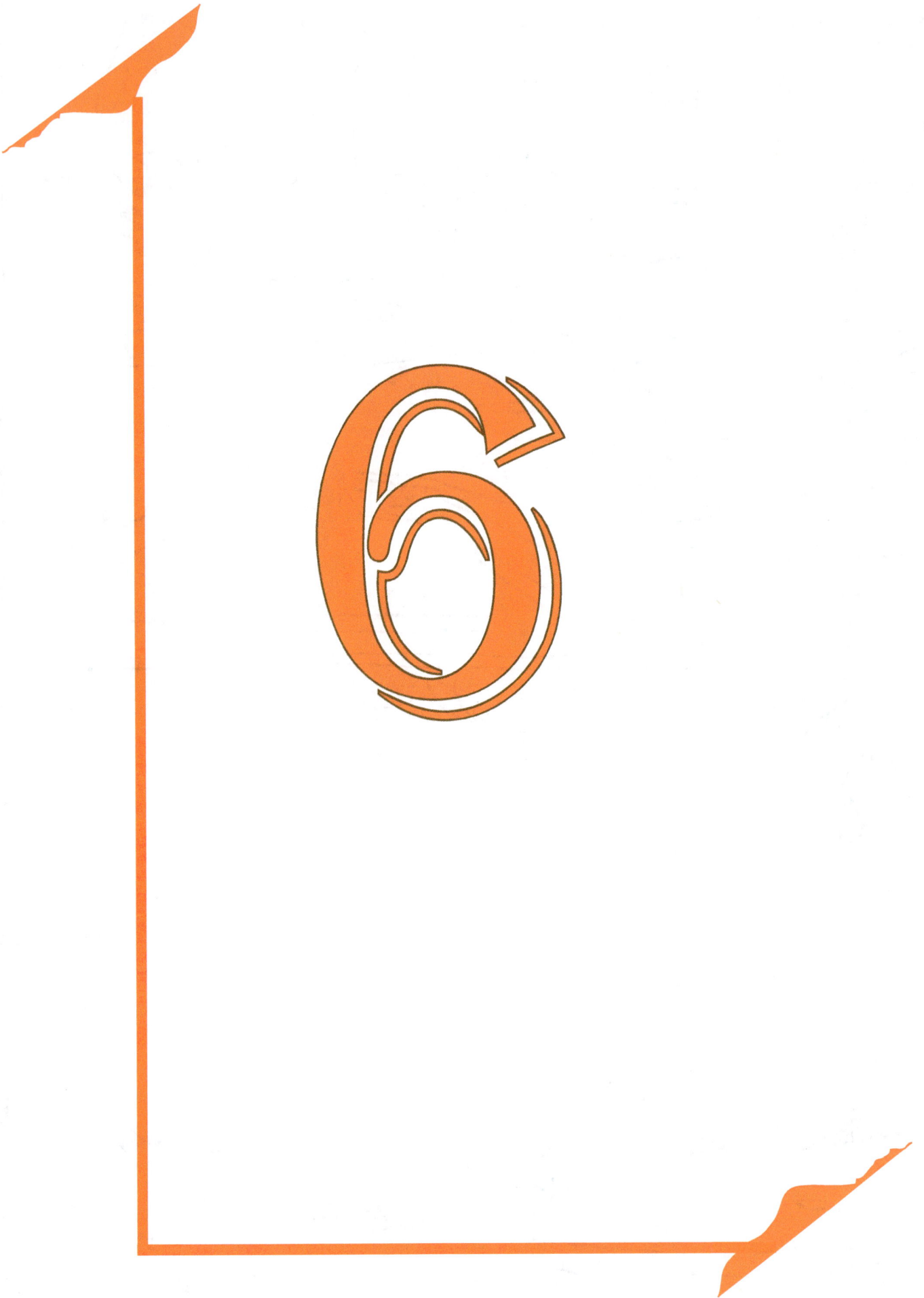

6

On the Sixth Day of Homowo

Six sons-in-law present six piles of firewood to their fathers-in-law.
Six daughters-in-law present six bundles of fabric to their mothers-in-laws.

Find it

Six
fathers-in-law.
Six
mothers-in-law.

Spot the difference

How are the sons
and daughters-in
law presenting
their gifts?

Gbi ni ji Ekpaa yɛ Hɔmɔwɔ Be

Shahiimɛi ekpaa kɛ lai kei ekpaa yake amɛ shahiimɛi, ni ji amɛŋamɛi lɛ atsɛmɛi.
Shayeimɛi ekpaa fimɔ mamai kpofã srɔtoi ekpaa yake amɛshayeimɛi, ni ji amɛwumɛi lɛ anyɛmɛi.

Taomɔ

Shayeimɛi kɛ
shahiimɛi ni yaake
nii lɛ.

Kadimɔ srɔto ni yɔɔ mli

Te shayeimɛi kɛ
shahiimɛi lɛ kɛ
amɛnikeenii lɛ
ya hã tɛɛ?

29

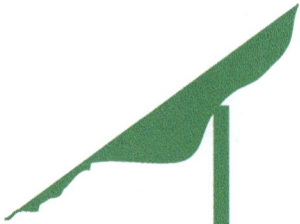

7

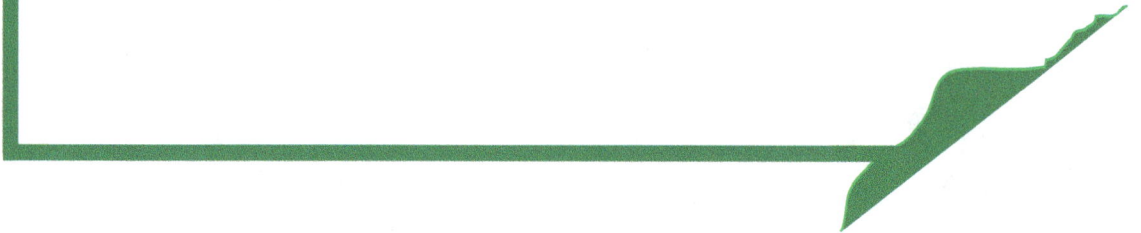

On the Seventh Day of Homowo

Seven kings inspect seven community vegetable and fish farms in seven cities, as well as the health of seven large lagoons all with narrow openings into the Atlantic Ocean.

Find it

The smallest fish farm.

Spot the difference

Kings with tallest hats.

Gbi ni ji Kpawo yɛ Hɔmɔwɔ Be

Maŋtsɛmɛi kpawo yasra akutsei kpawo aŋmɔjii ni amɛ hu, kɛ kpaakpoi kpawo ni amɛtsa kɛ miilɛ ŋshɔŋloi srɔtoi yɛ majii kpawo amli. Kɛ jɛ jɛmɛ lɛ amɛtee amɛya kwɛkwɛɛ akɛ ŋoo-kpaakpoi kpawo kɛ amɛnaa fiŋtɔɔ ni naa yaa Atlantic Ŋshɔ lɛ mli lɛ amli tse lo!

Taomɔ

Ŋshɔŋloolɛɛ kpaakpo ni edaa fefɛ̃ɛ.

Kadimɔ srɔto ni yɔɔ mli

Maŋtsɛmɛi ni amɛfai klɛ fe mɔfɛ̃ɛmɔ.

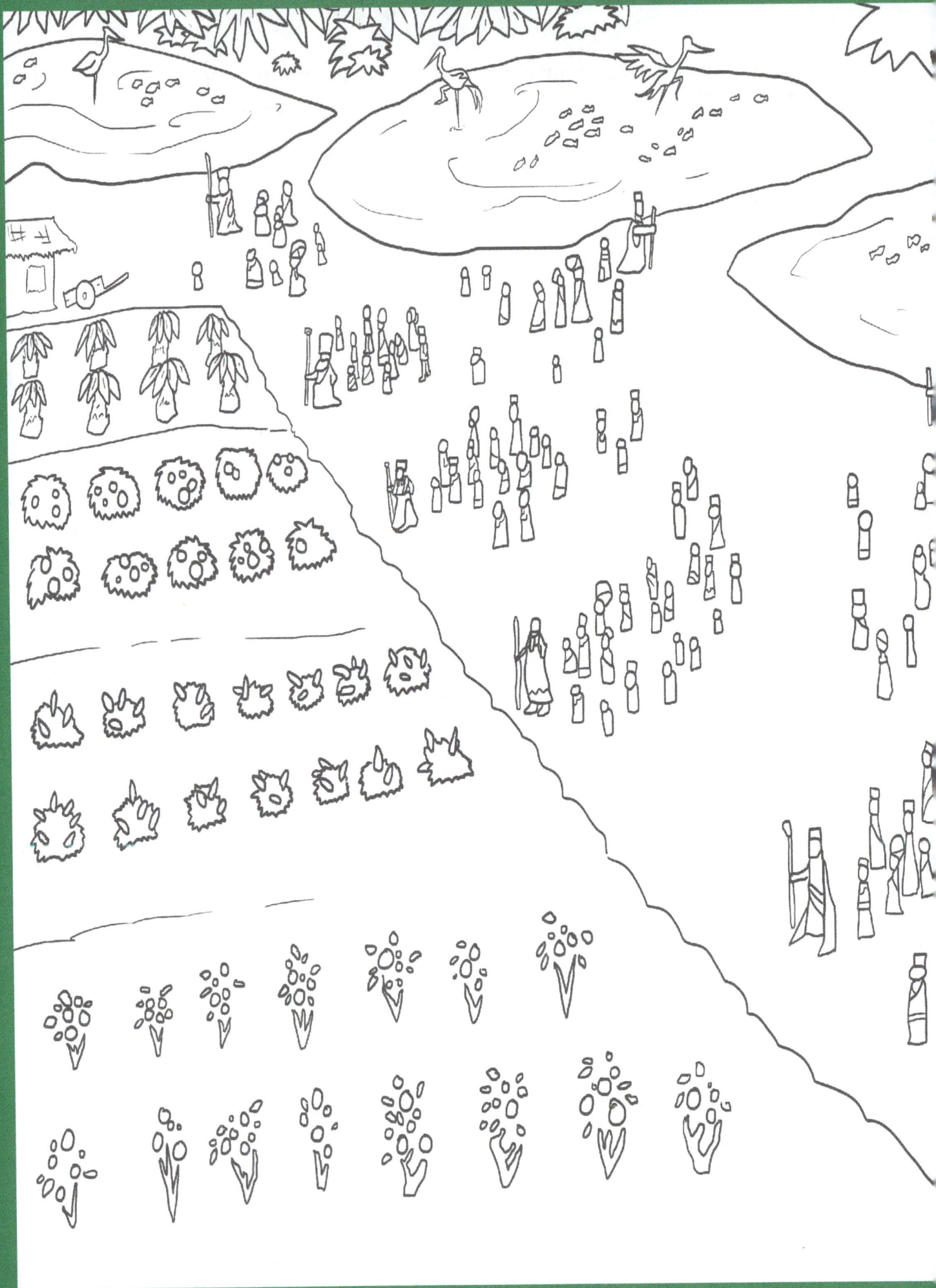

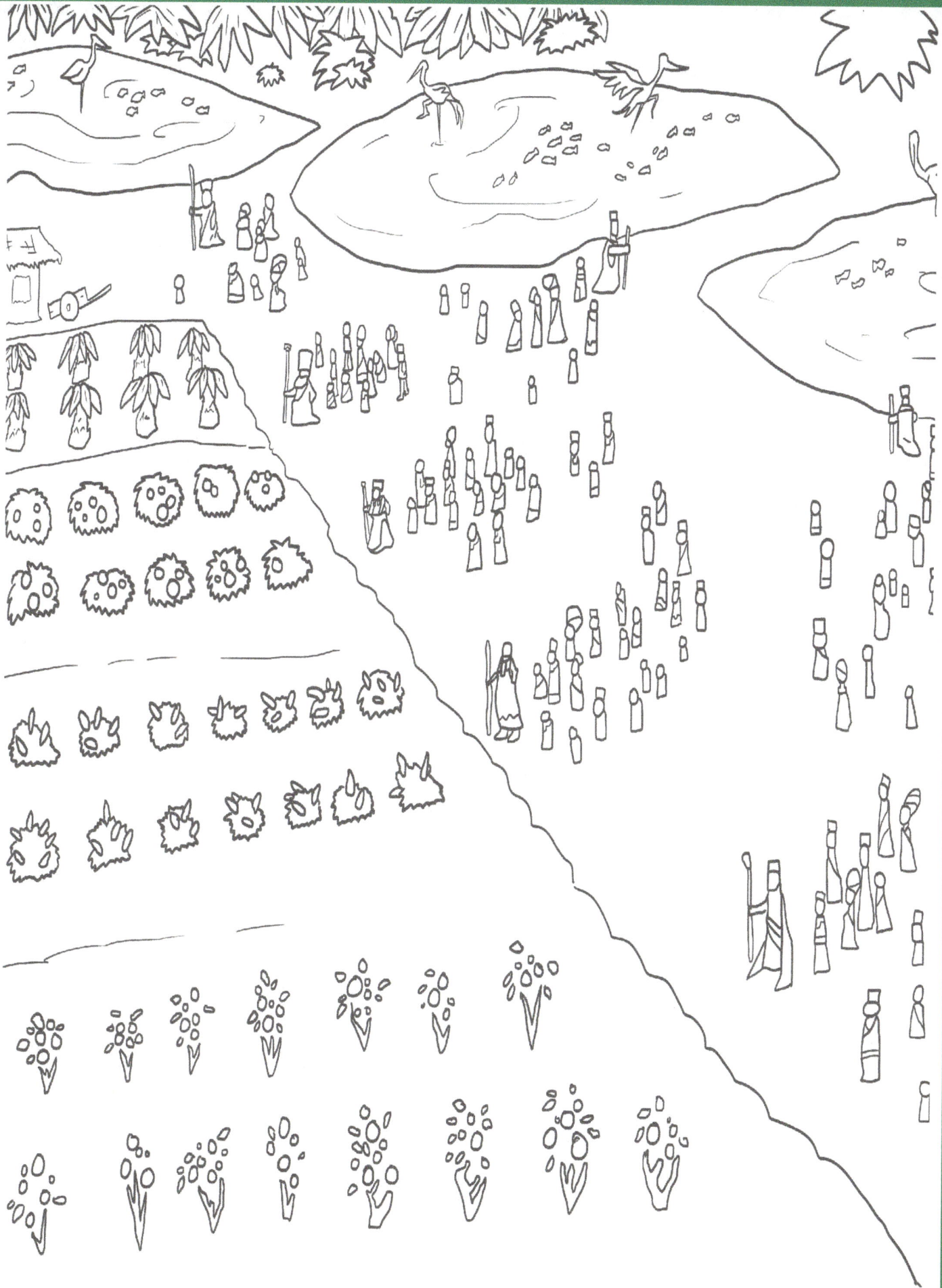

On the Eighth Day of Homowo

Eight mothers craft eight pairs of Abyssinia earrings and then thread expensive beautiful adiagba beads into eight necklaces, eight bracelets, eight armlets, and eight anklets to adorn their daughters.

Find it

Count the ordinary beads. Count the adiagba beads.

Spot the difference

Adiagba and Abyssinia jewelry.

Gbi ni ji Kpaanyɔ yɛ Hɔmɔwɔ Be

Nyɛ Awomɛi kpaanyɔ fee Abyssinia toiŋanii kpaanyɔ, ni amɛkɛ adiagba ashinɔi ni jara wa tserɛ kuɛnii kpaanyɔ, nineshinii kpaanyɔ, ninekpɔkɔiŋ fiinii kpaanyɔ, kɛ nanetalɔ ashinɔi kpaanyɔ ni amɛkɛbasaa amɛbiyei ahe.

Taomɔ

Kanemɔ ashinɔi lɛ. Kanemɔ adiagbai lɛ hu.

Kadimɔ srɔto ni yɔɔ mli

Adiagba kɛ Abyssinia teŋ.

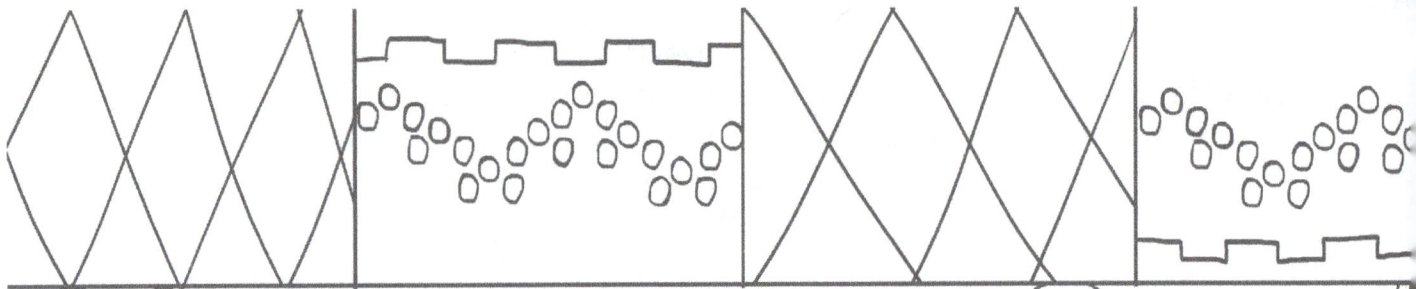

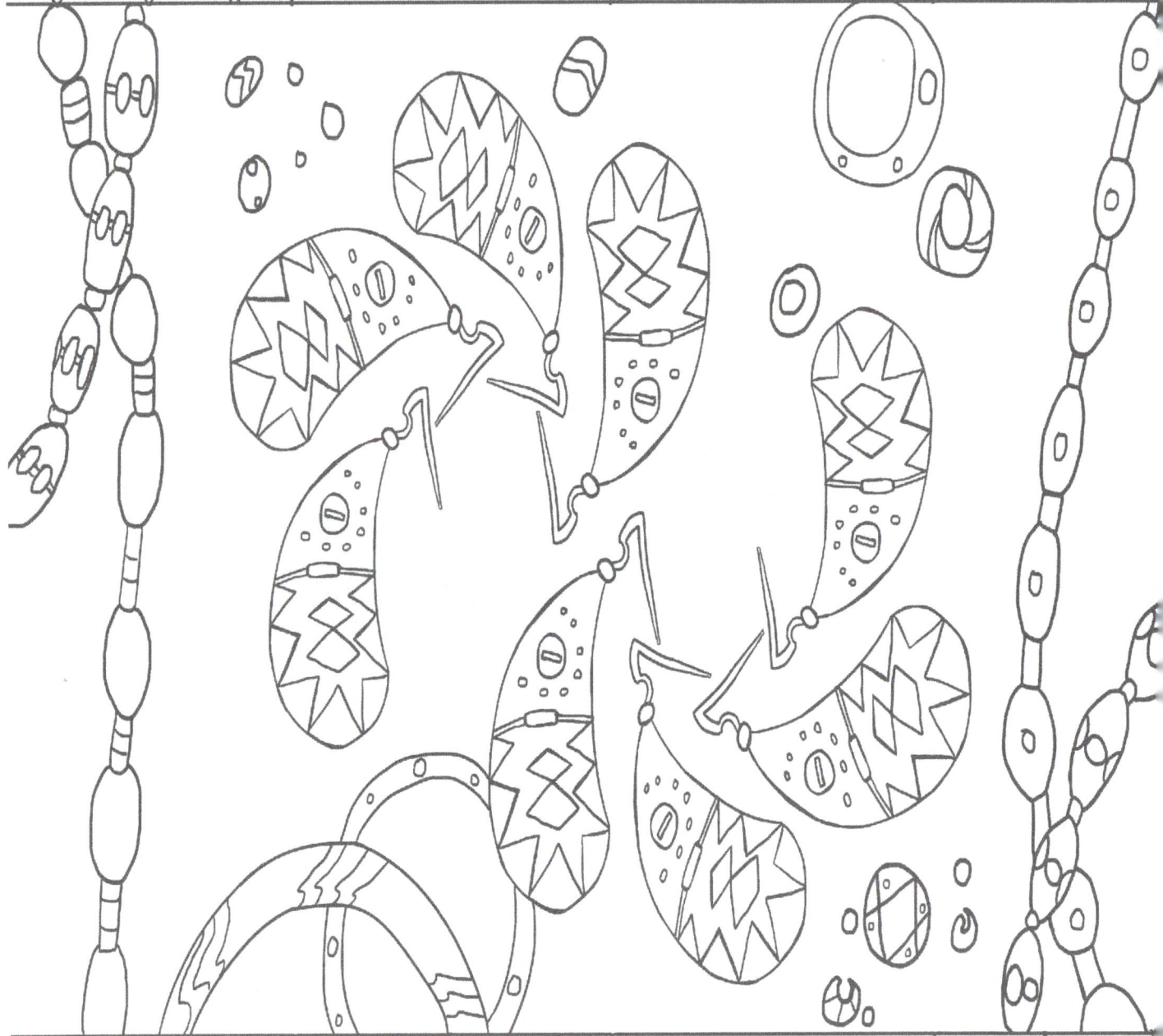

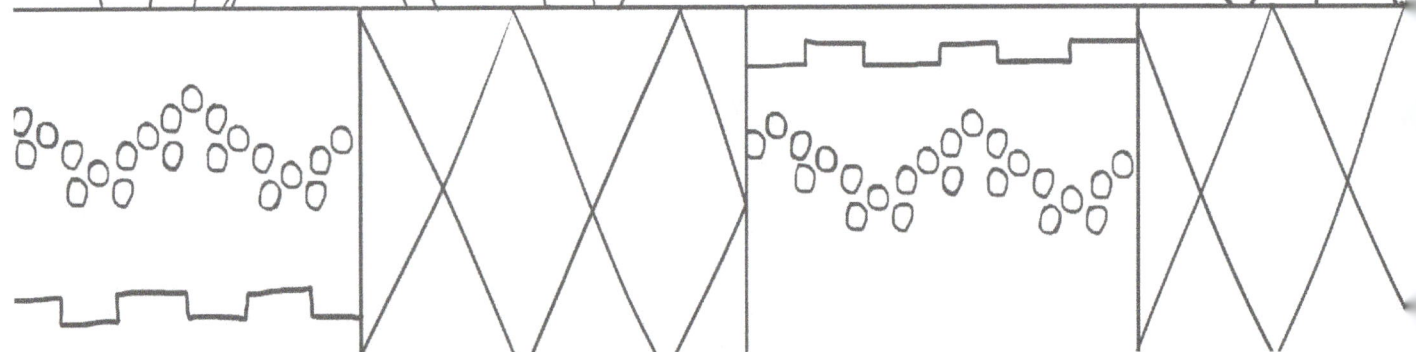

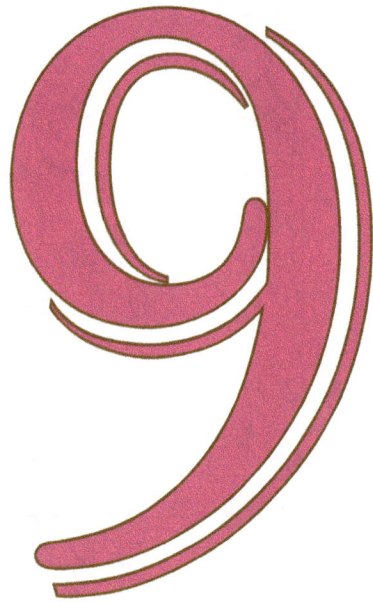

On the Ninth Day of Homowo

Nine beautiful girls make it to the finals in the Homowo Pageant, parading on a stage with nine moving platforms.

Find it

Stage lights.

Judges.

Spot the difference

Girls in headties and girls wearing their own hair.

Gbi ni ji Nɛɛhu yɛ Hɔmɔwɔ Be

Gbekɛ̃biiyei fɛɛfɛjii nɛɛhu ahiɛmiamɔ kɛ amɛyashɛ shɔŋŋ yɛ Hɔmɔwɔ Yoo Kpakpa Akaŋshii lɛ mli. Ajie gbekɛ̃biiyei fɛɛfɛjii nɛɛhu nɛɛ kpo yɛ nifeemɔ-daamɔhe agbo kɛ ehe shidaamɔhei pɛmpɛbii nɛɛhu ni bɔleɔ lɛ lɛ he.

Taomɔ

Nifeemɔ-daamɔhe kanei.
Nifeemɔ kojolɔi.

Kadimɔ srɔto ni yɔɔ mli

Gbekɛ̃biiyei ni efi duku kɛ mɛi ni ameyitswɛi jwere amɛyiteŋ.

41

10

On the Tenth Day of Homowo

At ten in the morning, ten strong boys in the lead briskly pedal their bikes on a ten lane street to the finish line in the Homowo Road Bicycle Racing competition.

Find it

The boy who won the race.

Spot the difference

Boys with shirts flying off their backs.

Gbi ni ji Nyɔŋma yɛ Hɔmɔwɔ Be

Be ni atswaa ŋmɛjii nyɔŋma lɛ, gbekɛ̃biihii nyɔŋma ni hewala, ni amɛ he esa kɛ okɔɔkpe kudɔmɔ lɛ, tsemii tsranɔ srɛnɛɛ kɛ fɛo kɛ ba gbenaa yɛ okɔɔkpe akaŋshii he lɛ.

Taomɔ

Namɔ ye okɔɔkpe damɔ lɛ?

Kadimɔ srɔto ni yɔɔ mli

Gbekɛ̃biihii enyiɛ shɛti miifliki yɛ amɛsɛɛ?

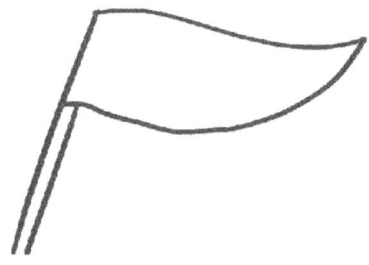

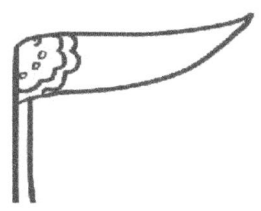

11

On the Eleventh Day of Homowo

Eleven mammy trucks, loaded up with corn, tomatoes, peppers, okra, garden eggs and gallons of palm oil arrive at eleven markets in eleven cities.

Find it

Where is the eleventh mammy truck?

Spot the difference

How many of each? Open-air markets and Grocery stores.

Gbi ni ji Nyɔŋma-kɛ-Ekome yɛ Hɔmɔwɔ Be

Tsolɔlei wuji nyoŋma-kɛ-ekome ni ameyimɔ kɛ abele kotokui, ameo, shitɔ, eŋmɔmi, sɛbɛ, kɛ mutsuru gaalɔŋ babao bashɛshi yɛ jarayelihei nyɔŋma-kɛ-ekome yɛ majii nyɔŋma-kɛ-ekome amli.

Taomɔ

Tsolɔle ni ji nɔni ji nyɔŋma-kɛ-ekome lɛ.

Kadimɔ srɔto ni yɔɔ mli

Amɛyi enyiɛ onaa - kponɔ jara kɛ shwapo jara.

49

12

On the Twelfth Day of Homowo

Twelve soccer teams compete in twelve stadiums (stadia) for the Homowo Soccer Tournament Cup.

Find it

Which of the soccer players are jumping?

Spot the difference

Why are there 13 stadia instead of 12?

Gbi ni ji Nyɔŋma-kɛ-Enyɔ yɛ Hɔmɔwɔ Be

Naneboolutswaalɔi kui nyɔŋma-kɛ-enyɔ shi akaŋ ni atsɛɔ lɛ 'Homowo Tournament Cup' lɛ yɛ stada gwaboohei nyɔŋma-kɛ-enyɔ.

Taomɔ

Bɔɔlutswaalɔi enyiɛ miitumɔ kɛ nyamɔ?

Kadimɔ srɔto ni yɔɔ mli

Mɛɛba ni kɛ okane lɛ, onaa stada 13 ni kulɛ sani efee 12?

13

On the Thirteenth Day of Homowo

Thirteen schools are selected to decorate thirteen city streets with special Homowo lanterns.

Find it

How many children are holding street lanterns and how many are hanging them?

Spot the difference

How can you tell the school children are hanging the lanterns at night?

Gbi ni ji Nyɔŋma-kɛ-Etɛ̃ yɛ Hɔmɔwɔ Be

Ahala nikasemɔhei nyɔŋma-kɛ-etɛ̃ ni amɛyasaa maŋ oshigentii (stiiti) nyɔŋma-kɛ-etɛ̃ ahe kanetsei kɛ osɔ̃nɔi srɔtoi komɛi ni ajegbɛ afee kɛhã Hɔmɔwɔyeli.

Taomɔ

Skul gbekɛ̃bii enyiɛ hiɛ osɔ̃nɔ kanei, ni enyiɛ kɛmii tsotsro kanetsei ahe?

Kadimɔ srɔto ni yɔɔ mli

Mɛni tsɔ̃o akɛ skul gbekɛ̃bii lɛ tsu nɛkɛ nii nɛɛ gbɛkɛnaashi?

14

On the Fourteenth Day of Homowo

Fourteen farmers and fishermen are honoured for their hard work and their great care for the environment.

Find it

How many of the farmers and fishermen are women?

Spot the difference

What kinds of farming do the thumbnails stand for?

Gbi ni ji Nyɔŋma-kɛ-Ejwɛ yɛ Hɔmɔwɔ Be

Awo okwaafoi nyɔŋma-kɛ-ejwɛ kɛ wuoyalɔi hu nyɔŋma-kɛ-ejwɛ yɛ amɛnitsumɔ kpakpa kɛ bo ni hu amɛbaa adebɔɔ yi: shikpɔŋ ni amɛhuɔ nɔ kɛ ŋshɔŋ ni amɛhɛɔ loi yɛ mli lɛ.

Taomɔ

Yei enyiɛ yɔɔ okwaafoi kɛ wuoyalɔi ni awo amɛ lɛ tɛŋ?

Kadimɔ srɔto ni yɔɔ mli

Mɛɛ ŋmɔjii srɔtoi nitɛŋmɔi lɛ dãmɔshi hã?

61

15

On the Fifteenth Day of Homowo

Fifteen priests along with fifteen choirs line up the beach to celebrate the bounty of the sea, and the safe arrival of fifteen royal fishermen sent days earlier on a special expedition. They haul in fifteen canoes of red snappers, the festival fish. Their safe arrival is a signal to other fishermen to go on their own red snapper fishing voyages.

Find it

How many canoes are yet to beach on the shore?

Spot the difference

How many choirs have matching robes?

Gbi ni ji Nyɔŋma-kɛ-Enumɔ yɛ Hɔmɔwɔ Be

Osɔfoi nyɔŋma-kɛ-enumɔ kɛ lalɔi akui nyɔŋma-kɛ-enumɔ bapke kɛ miishɛɛ kɛda Okplejeŋ shi yɛ ŋshɔ ni kuɔ kɛ emli loi srɔtoi nyeŋenyeŋe, kɛ agbɛnɛ hu, omanye ni edro wuoyalɔi akui nyɔŋma-kɛ-enumɔ ni ahala amɛ ni amɛya bule ŋshɔ lɛ, ni amɛba kpleke shweshweeshwe kɛ tsilei kpakpai komɛi yɛ lɛjii nyɔŋma-kɛ-enumɔ amli. Akɛni agbe ŋshɔbulemɔ naa lɛ, gbɛ ka hã wuoyalɔi akui krokomɛi ni amɛyasha tsile.

Taomɔ

Lɛjii enyiɛ eshwɛ ni baakpleke yɛ ŋshɔnaa?

Kadimɔ srɔto ni yɔɔ mli

Lalɔi akui enyiɛ eje aba?

65

16

On the Sixteenth Day of Homowo

Sixteen Kpa music groups and sixteen dancing troupes make it to the Kpa Competition finals where sixteen judges are dressed in sixteen different monkey costumes.

Find it

How many children are among the winners?

Spot the difference

Name the different types of monkeys the costumes of judges represent?

Gbi ni ji Nyɔŋma-kɛ-Ekpaa yɛ Hɔmɔwɔ Be

Kpãfolɔi akui nyoŋma-kɛ-ekpaa kɛ ashwɛ-ni-ajo hu kui nyoŋma-kɛ-ekpaa na shɛ shoŋŋ yɛ Kpãfoo Akaŋshii lɛ mli. Kojolɔi nyoŋma-kɛ-ekpaa ni kwɛ akaŋshii lɛ nɔ lɛ ewula kɛ ataadei ni je kuajii srɔtoi nyoŋma-kɛ-ekpaa.

Taomɔ

Gbekẽbii enyiɛ fata Kpãfolɔi ni bɔ mɔdɛŋ yɛ akaŋshii lɛ mli?

Kadimɔ srɔto ni yɔɔ mli

Kuajii amli srɔtoi enyiɛ onaa kɛ okwɛ ataadei ni nifeemɔ kojolɔi lɛ wo lɛ?

17

On the Seventeenth Day of Homowo

Seventeen pairs of rowers in seventeen canoes all colorfully decorated participate in a Grand Regatta.

Find it

How many of the canoes have names?

Spot the difference

Name the constellations you see.

Gbi ni ji Nyɔŋma-kɛ-Kpawo yɛ Hɔmɔwɔ Be

Tablõwĩrilɔi nyɔŋma-kɛ-kpawo ni tra lɛjii nyɔŋma-kɛ-kpawo ni awula fɛɛ pam, da nuhĩɛfoi yɛ Grand Regatta Akaŋshii lɛ mli.

Taomɔ

Lɛjii enyiɛ hĩɛ gbɛi?

Kadimɔ srɔto ni yɔɔ mli

Oona Ŋulamii Agboi kɛ amɛhewɔ bibii lɛ? Mɛni gbɛi akɛtsɛɔ eko fɛɛ eko?

73

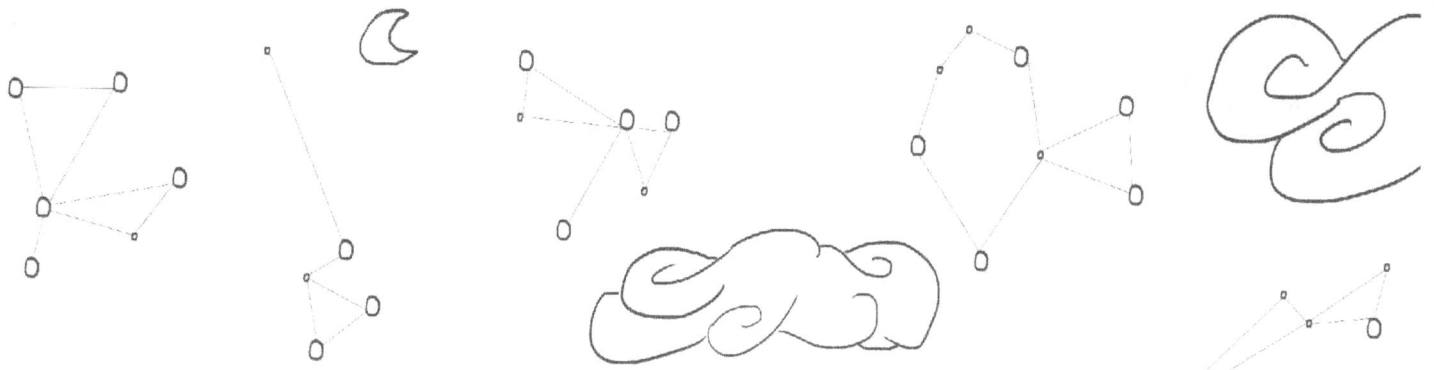

18

On the Eighteenth Day of Homowo

Eighteen tailors and seamstresses sew eighteen pairs of matching outfits for eighteen competing warriors' teams and their captains.

Find it

How many seamstresses and tailors do you see?

Spot the difference

Apart from the attire what else are they sewing for the teams?

Gbi ni ji Nyɔŋma-kɛ-Kpaanyɔ yɛ Hɔmɔwɔ Be

Hii kɛ yei nikpɛlɔi nyɔŋma-kɛ-kpaanyɔ kpɛ abajee-ataadei nyɔŋma-kɛ-kpaanyɔ kɛhã tabilɔi nyɔŋma-kɛ-kpaanyɔ, kɛ asafoatsɛmɛi kɛ asafoanyɛmɛi hu nyɔŋma-kɛ-kpaanyɔ.

Taomɔ

Yei nikpɛlɔi enyiɛ onaa?
Hii nikpɛlɔi enyiɛ onaa?

Kadimɔ srɔto ni yɔɔ mli

Mɛni nikpɛlɔi lɛ kpɛɔ kɛ fataa ataadei lɛ ahe hãa kui lɛ?

19

On the Nineteenth Day of Homowo

Nineteen citizens receive the Homowo Distinguished Persons awards of the year for nineteen contributions to the health and progress of nineteen communities.

Find it

How many are waving their hands?

Spot the difference

Which of them are wearing headdresses and which of them are wearing hats?

Gbi ni ji Nyɔŋma-kɛ-Nɛɛhu yɛ Hɔmɔwɔ Be

Ahã Maŋbii nyɔŋma-kɛ-nɛɛhu Daa-Afi Hɔmɔwɔ Hiɛnaanɔbii Akekrei yɛ yelikɛbuamɔi nyɔŋma-kɛ-nɛɛhu ni amɛkɛdro akutsei nyɔŋma-kɛ-nɛɛhu lɛ.

Taomɔ

Mɛi enyiɛ ni miifɔ̃ amɛ nijii?

Kadimɔ srɔto ni yɔɔ mli

Namɛi fimɔ duku ni namɛi bu fai?

81

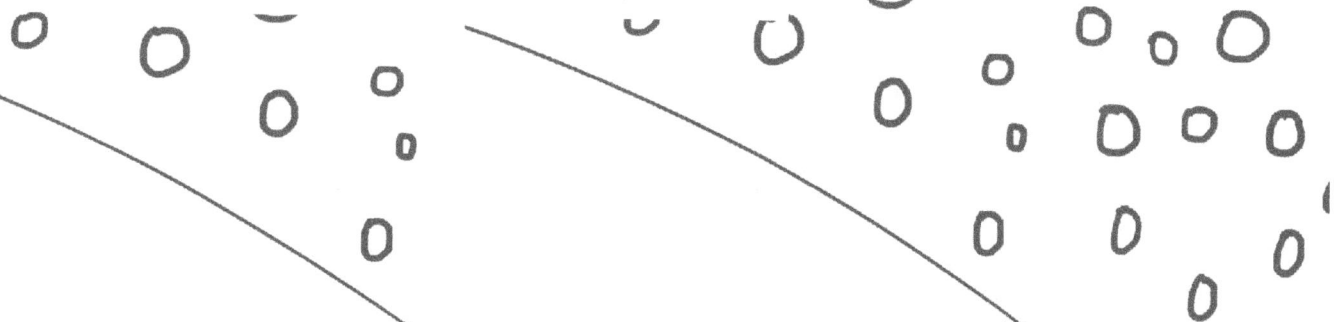

20

On the Twentieth Day of Homowo

Crowds line up along twenty major streets in twenty cities to watch a colorful procession of cars, trucks, lorries, each filled with twenty kinds fruits, twenty kinds of vegetables, twenty kinds of goodies, and whatever delightful treat you can think of; all flowing in from twenty surrounding villages, twenty corners of the country, and twenty countries around the world. Their occupants called Jubii and Soobii, twenty in each vehicle, are all dressed in matching bold colors, singing and dancing and throwing out goodies, and spraying perfume on admiring onlookers.

Find it

How many inflatable balloon figures do you see? What do they look like?

Spot the difference

What is odd about the parade floats?

Gbi ni ji Nyɔŋmai-Enyɔ yɛ Hɔmɔwɔ Be

Mɛi ebabuashi yɛ oshigentii (stiitigbɛi) nyɔŋmai-enyɔ yɛ maŋ wujii nyɔŋmai-enyɔ kɛ miikwɛ tsɔjii, tsolɔlei kɛ trɔtrɔi ni jɛ akrowai srɔtoi nyɔŋmai-enyɔ, maŋ-kojii nyɔŋmai-enyɔ, kɛ jakui srɔtoi nyɔŋmai-enyɔ amli. Noji, awo amɛfɛɛ obɔ̃bɔ̃obɔ̃ kɛ adoawai srɔtoi nyɔŋmai-enyɔ, ŋmɔshinii srɔtoi nyɔŋmai-enyɔ, dɔkɔdɔkɔnii srɔtoi nyɔŋmai-enyɔ kɛ nɔfɛɛnɔ ni ŋɔɔ. Jubii kɛ Soobii nyɔŋmai-enyɔenyɔ ni taratarai tsɔjii kɛ lɔlei kɛ trɔtrɔi lɛ amli lɛ fɛɛ eje aba ni amɛmiibo oshe kɛ lalai kɛ joo. Amɛjaa dɔkɔdɔkɔnii ni amɛshiɔ ojeŋma kɛ shwiɔɔ mɛi ni damɔshi yɛ gbɛi lɛ ahe lɛ.

Taomɔ

Oona afuafu agboi ko nyiɛ ŋwɛi lo? Amɛyi enyiɛ onaa, ni mɛni amɛ je?

Kadimɔ srɔto ni yɔɔ mli

Nɔ ko ejaa jogbaŋ kɛ ji okwɛ tsɔjii ni yɔɔ parade ajabeŋ lɛ mli. Mɛni ni?

21

On the Twenty-First Day of Homowo

Along the longest beach, twenty-one fish-smoking communities build twenty-one traditional fish smokers and storages to smoke and store fish to be auctioned off to raise funds for needy families, the sick, and seniors in twenty-one cities.

Find it

Count the smoked fish storages you see.

Spot the difference

Which fish smokers are working? How can you tell?

Gbi ni ji Nyɔŋmai-Enyɔ-Kɛ-Ekome yɛ Hɔmɔwɔ Be

Looshãlɔi akutsei nyɔŋmai-enyɔ-kɛ-ekome bakpe yɛ ŋshɔnaa kpanaa naa ni amɛmamɔ gblamui srɔtoi kɛ nitoohei nyɔŋmai-enyɔ-kɛ-ekome koni amɛkɛ tsukɔ loo ni akɛtswa ahunyade kɛ bua shika naa kɛyebua mɛi ni bɛ nɔ ko, mɛi ni naa hewalɛ, hiimeiji kɛ yeimeiji yɛ majii nyɔŋmai-enyɔ-kɛ-ekome amli.

Taomɔ

Kanemɔ loo-ni-ashã nitoohei ni onaa?

Kadimɔ srɔto ni yɔɔ mli

Gblamui enyiɛ ni'tsunii? Tsɔɔmɔ nɔni miiyaanɔ ni no baahã ole?

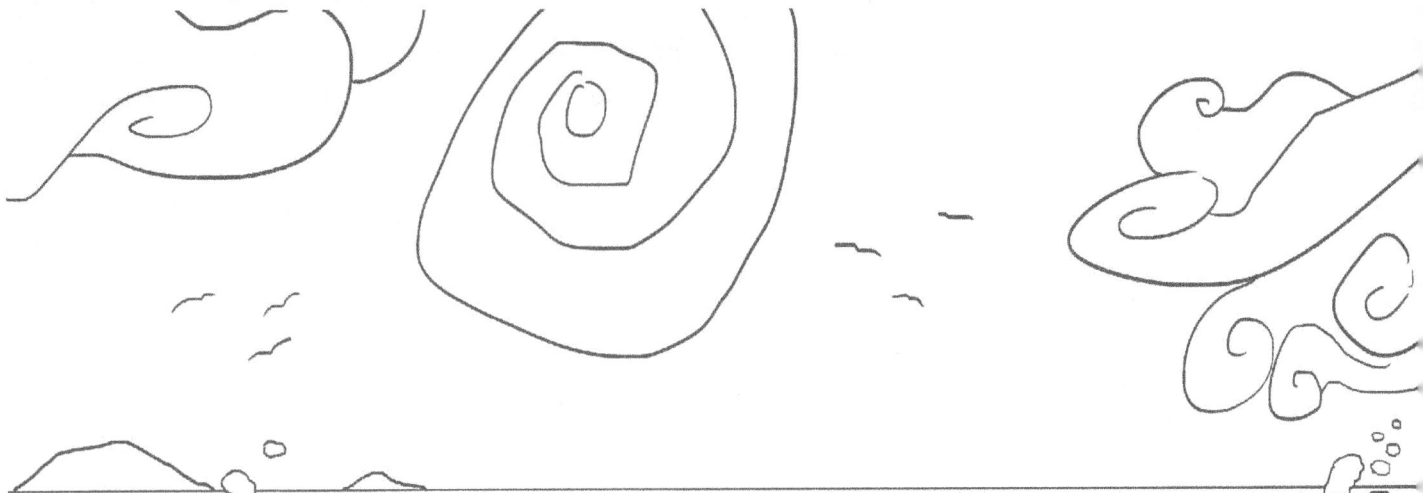

22

On the Twenty-Second Day of Homowo

Twenty-two outstanding students from twenty-two schools are invited to a royal feast where Ataa Abbey entertains the children with twenty-two string puppets of dancing ducks, singing ants, and laughing monkeys. Twenty-two popular musicians in the city also perform to delight the students. Dessert is a twenty-two tiered ripe plantain crepe cake in Homowo colors: green, black, white, and gold.

Find it

Which of the puppets are dancing?

Spot the difference

Where does the event take place?

Gbi ni ji Nyɔŋmai-Enyɔ-kɛ-Enyɔ yɛ Hɔmɔwɔ Be

Aŋmɛ skul gbekɛbii mɔdɛŋbɔlɔi nyɔŋmai-enyo-kɛ-enyo ni jɛ nikasemɔhei nyɔŋmai-enyo-kɛ-enyo okplɔ̃ yɛ maŋjaranɔ. Ataa Abe jie amɛhiɛtsɛrɛ kɛ ekoliko tsobii nyɔŋmai-enyo-kɛ-enyo: dɔkɔdɔkɔi jolɔi, tsatsui lalɔi kɛ kuajii ni le ŋmlɔ. Maŋmii lalɔi kpanaakpanaa hu nyɔŋmai-enyo-kɛ-enyo ba la. Nɔni amɛkɛ jie amɛdaaŋ ji amadãa tsuru tatale srɔto ko ni atolɛ atrakoi nyɔŋmai-enyo-kɛ-enyo yɛ Hɔmɔwɔ sui amli: baaŋmɔŋ, ediŋ, eyɛŋ, kɛ shika.

Taomɔ

Koliko kooloi enyiɛ oona ni miijo?

Kadimɔ srɔto ni yɔɔ mli

Kɛ okwɛ lɛ, mɛni maŋjaranɔ lɛ kɛ jeɔ husu?

93

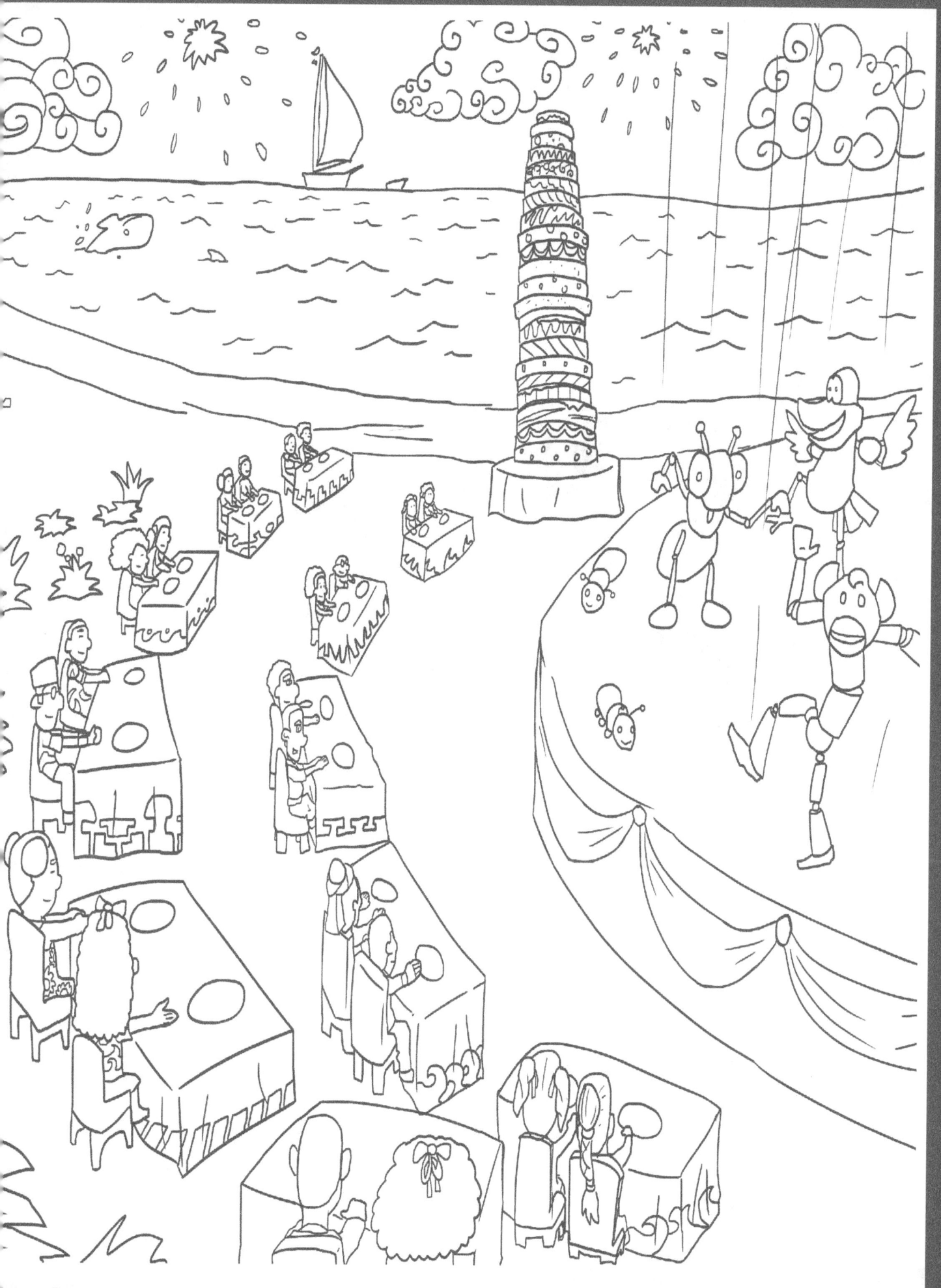

23

On the Twenty-Third Day of Homowo

Twenty-three flutists all dressed in black play dirges on twenty-three streets in twenty-three cities to remember loved ones who have passed away. In response, families plant twenty-three seedlings along streets in their neighborhoods, and back to their homes, they plant twenty-three kinds of vegetables to remember their loved ones in their gardens. Twenty-three people from each clan volunteer to clean graveyards; and twenty-three small wreaths are laid on each tombstone. At night, twenty-three Saint Bortor Shine Your Light Clubs fill neighbourhood streets in solemn processions with lit placards reading: Rejoice, the Cross has overcome death.

Find it

All the hoes. Outlines of a face of a person and an animal in tree boughs.

Spot the difference

Finish tracing the outline of Africa on the map.

Gbi ni ji Nyɔŋmai-Enyɔ-kɛ-Etɛ̃ yɛ Hɔmɔwɔ Be

Bɛjii kpãlɔi nyɔŋmai-enyɔ-kɛ-etɛ̃ ni wo ni diŋ, kpãkpãi yarafeemɔ lalai kɛ kpa gbɛjegbɛi nyɔŋmai-enyɔ-kɛ-etɛ̃ yɛ majii wuji nyɔŋmai-enyɔ-kɛ-etɛ̃ kɛ kai maŋbii ni amɛtsɔ amɛsɛɛ yɛ afi lɛ mli. Wekumɛi hu dudui tseibii yɛ oshigentii (stiitigbɛi) kõŋjiianɔ ni yɔɔ amɛ bluhui lɛ amli. Agbɛnɛ hu amɛtee amɛshĩaŋ amli ni amɛya dudui ŋmɔshinii srɔtoi nyɔŋmai-enyɔ-kɛ-etɛ̃ yɛ amɛtromii amli. Kɛjɛ jɛmɛ lɛ afamɔ mɛi nyɔŋmai-enyɔ-kɛ-etɛ̃ kɛjɛ weku shĩaiaŋ amli ni amɛyasaa fuuhei amli. Amɛ kɛ fɔfɔi akekre bibii nyɔŋmai-enyɔ-kɛ-etɛ̃ shwiee sãi fɛɛ sãi nɔ. Beni je na lɛ, Hetselɔ Bɔɔtɔ Hã Okane Atso kui nyɔŋmai-enyɔ-kɛ-etɛ̃ foshi kpoo kɛ aflaŋai ni miikplɛ kɛ wiemɔi nɛɛ: Nyɛnyaa, Calvary Sɛŋmɔtso Lɛ Eye Gbele Nɔ!

Taomɔ

Oona kɔii lɛ? Oona tso ni etɛŋ gbɔmɔ kɛ kooloo hiɛ lɛ lo?

Kadimɔ srɔto ni yɔɔ mli

Gbee Africa tɛŋmɔ lɛ naa yɛ jeŋ kojii shikãmɔ lɛ mli.

97

24

On the Twenty-Fourth Day of Homowo

Twenty-four brass bands accompany twenty-four Twins Parades on twenty-four city streets with festive singing. They arrive at the King's Square, Mantse Agbonaa, where griots perform and delight the huge audience.

Find it

How many triplets do you see?

Spot the difference

How many of the musical instruments are upside down?

Gbi ni ji Nyɔŋmai-Enyɔ-Kɛ-Ejwɛ yɛ Hɔmɔwɔ Be

Brass band kui nyɔŋmai-enyɔ-kɛ-ejwɛ yi joo kɛwo Hãajii Ajabeŋ nyɔŋmai-enyɔ-kɛ-ejwɛ ahesɔlɛ kɛ nyiɛ oshigentii (stiitigbɛi) anɔ yɛ majii wuji nyɔŋmai-enyɔ-kɛ-ejwɛ amli. Aya gbenaa yɛ Maŋtsɛ Agbonaa, ni jɛmɛ, adesatãlɔi kpanaakpanaa tã adesãi srɔtoi kɛ emli lalai kɛ nifeemɔi kɛ jie amɛhiɛtsɛrɛ.

Taomɔ

Hãajii etɛ̃tɛ̃ɛ̃tɛ̃ enyiɛ onaa?

Kadimɔ srɔto ni yɔɔ mli

Brass band jooshwɛmɔ nibii enyiɛ atsɔ̃ amɛ sɛɛsɛɛ?

103

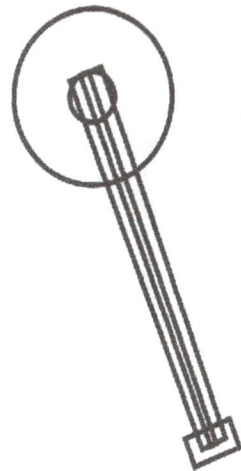
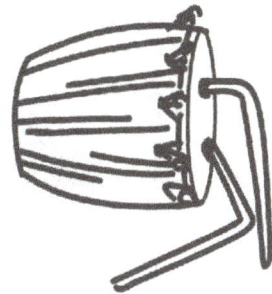

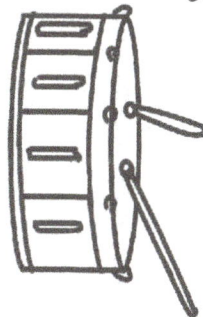

25

On the Twenty-Fifth Day of Homowo

Twenty-five students from twenty-five culinary schools display twenty-five ways in which the festival food, kpokpoi and palm soup, can be prepared and served. Twenty-five seniors' clubs taste each of them.

Find it

Kpokpoi has been made into stuffed steamed flat corn bread. How many do you see?

Spot the difference

Which of the food items contain palm soup?

Gbi ni ji Nyɔŋmai-Enyɔ-Kɛ-Enumɔ yɛ Hɔmɔwɔ Be

Skulbii nyɔŋmai-enyɔ-kɛ-enumɔ ni jɛ nihoomɔ-tsɔ̃ɔmɔ nikasemɔhei nyɔŋmai-enyɔ-kɛ-enumɔ bajie amɛ waonaa kɛtsɔ̃ɔ bɔni abaanyɛ ahoo kpokpoi kɛ ŋmewonu yɛ gbɛi srɔtoi nyɔŋmai-enyɔ-kɛ-enumɔ, kɛ bɔ ni hu aŋmɛɔ amɛ yɛ okplɔ̃ nɔ ahãa. Hiimeji kɛ yeimeji akui nyɔŋmai-enyɔ-kɛ-enumɔ sa eko fɛɛ eko naa.

Taomɔ

Ahoo Kpokpoi tamɔ akpiti aboloo tɛtrɛɛbii ni akɛ nii ewo teŋ. Amɛyi enyiɛ onaa?

Kadimɔ srɔto ni yɔɔ mli

Niyenii srɔtoi enyiɛ mli ŋmewonu yɔɔ?

26

On the Twenty-Sixth Day of Homowo

Twenty-six huge corn-milling machines churn out tons of ground corn for anxious customers in twenty-six neighborhoods in twenty-six cities. And twenty-six street sweepers clean twenty-six streets and back alleys each in twenty-six cities.

Find it

How many of the corn millers are females?

Spot the difference

List two types of sweepers and describe why they are different.

Gbi ni ji Nyɔŋmai-Enyɔ-Kɛ-Ekpaa yɛ Hɔmɔwɔ Be

Abele gbɛlɛmɔtsɔjii agboi nyɔŋmai-enyo-kɛ-ekpaa gbɛlɛ abele babao hã mɛi pii ni efee yeyeeye yɛ akutsei nyɔŋmai-enyo-kɛ-ekpaa ni yɔɔ majii nyɔŋmai-enyo-kɛ-ekpaa amli ejaakɛ be bɛ. Agbɛnɛ hu, bɛɛloi nyɔŋmai-enyo-kɛ-ekpaa ateŋ mɔfɛ̃ɛmɔ bɛɛ oshigentii (stiitigbɛi), gbɛjegbɛi, kɛ fɔjii nyɔŋmai-enyo-kɛ-ekpaa yɛ majii wujii nyɔŋmai-enyo-kɛ-ekpaa amli.

Taomɔ

Yei enyiɛ yɔɔ abelegbɛlɛlɔi lɛ ateŋ?

Kadimɔ srɔto ni yɔɔ mli

Bɛɛlɔi srɔtoi enyiɛ onaa? Mɛni srɔto yɔɔ amɛ teŋ?

27

On the Twenty-Seventh Day of Homowo

Thanksgiving Day arrives. Twenty-seven communities prepare twenty-seven kinds of Homowo Thanksgiving dinners: twenty-seven large bowls of kpokpoi along with twenty-seven large pots of palm soup filled with big chunks of smoked red snappers and tuna.

Each clan house serves twenty-seven strangers, Thanksgiving dinners.

Every family distributes twenty-seven Thanksgiving hampers to twenty-seven homes of relatives and friends unable to join the festive dinner.

Twenty-seven planes take part in air shows after Thanksgiving dinner.

Twenty-seven world leaders, twenty-seven kings, twenty-seven government officials and a great number of people from all walks of life, celebrate with the kings and queens of the Gã States at the Great Durbar, late afternoon.

Twenty-seven Kpa carnivals take over twenty-seven streets in twenty-seven cities after the Great Durbar.

At night, twenty-seven Stampeding Agbugbunte crowds fill twenty-seven streets with kpa songs, stomping with multi-colored lit canes in twenty-seven colors.

At midnight, twenty-seven fireworks displays take over the night sky in twenty-seven cities along the beaches to round up Thanksgiving Day.

Gbi ni ji Nyɔŋmai-Enyɔ-kɛ-Kpawo yɛ Hɔmɔwɔ Be

Ŋmɛnɛ aagba Kɔ̃ yɛ gbi wulu nɛɛ nɔ. Akutsei nyɔŋmai-enyɔ-kɛ-kpawo hoohoi Kɔ̃yeli niyenii srɔtoi nyɔŋmai-enyɔ-kɛ-kpawo: kpokpoi okpolui nyɔŋmai-enyɔ-kɛ-kpawo kɛ ŋmewonu hu dadesɛŋ agboi nyɔŋmai-enyɔ-kɛ-kpawo kɛ emli tsilei kɛ odaa wujiwuji.

Weku shĩashĩaiaŋ kpee gbɛdulɔi nyɔŋmai-enyɔ-kɛ-kpawo kɛba amɛ we ni amɛŋmɛ amɛ okplɔ̃.

Webii hu to kɛŋtɛi nyɔŋmai-enyɔ-kɛ-kpawo ni awo amɛ obɔ̃ kɛ Kɔ̃yeli niyenii yake wekumɛi kɛ shietsɛmɛi nyɔŋmai-enyɔ-kɛ-kpawo ni nyɛɛ aba Kɔ̃yeli lɛ.

Kɛ miiya shwane mli lɛ, kɔɔyɔŋ-lɛjii nyɔŋmai-enyɔ-kɛ-kpawo ba jie kudɔmɔi amɛi srɔtoi kpo yɛ ŋwɛi atatui lɛ amli.

No sɛɛ lɛ, Gã majii odehei kɛ abladei babua amɛhenaa yɛ daa-afi gwabɔɔ jara lɛ nɔ. Jeŋ hiɛnyiɛlɔi nyɔŋmai-enyɔ-kɛ-kpawo, jeŋmajii odehei nyɔŋmai-enyɔ-kɛ-kpawo, amlalofoi nyɔŋmai-enyɔ-kɛ-kpawo, hiɛnaanɔbii nyɔŋmai-enyɔ-kɛ-kpawo kɛ mɛi babao bawo gwabɔɔ lɛ he okɛse.

Da ni hunu baanyɔ shi lɛ, kpãshilɔi nyɔŋmai-enyɔ-kɛ-kpawo shi kpãa kɛ hewalɛ yɛ oshigentii (stiitigbɛi) nyɔŋmai-enyɔ-kɛ-kpawo nɔ kɛ kpãashimɔ lalai yɛ majii wujii nyɔŋmai-enyɔ-kɛ-kpawo amli.

Beni jeŋ bɔĩ namɔ lɛ, Agbugbunte kui nyɔŋmai-enyɔ-kɛ-kpawo shishiishi kɛ kpã lalai kɛ tsei ni akadi amɛ kɛ kanei nyɔŋmai-enyɔ-kɛ-kpawo kɛnyiɛ gbɛjegbɛi nyɔŋmai-enyɔ-kɛ-kpawo anɔ.

Ni nyɔŋ gbɛɛ nɛkɛ pɛ, aŋmɛɛ kpɛtɛkplɛi nyɔŋmai-enyɔ-kɛ-kpawo ahe awo ŋwɛi ni amɛ gbla tamɔ srawai kɛ kanei sui srɔtoi yɛ ŋshɔnaa majii nyɔŋmai-enyɔ-kɛ-kpawo amli kɛmu gbijurɔyeli lɛ naa.

Palm soup

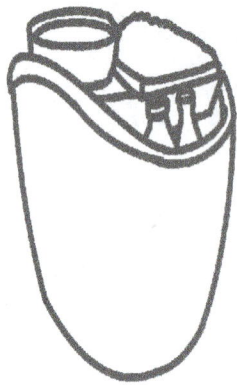

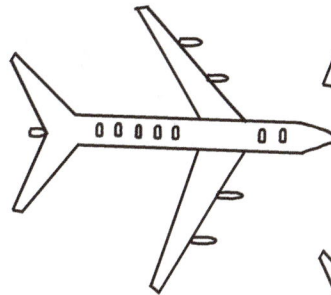

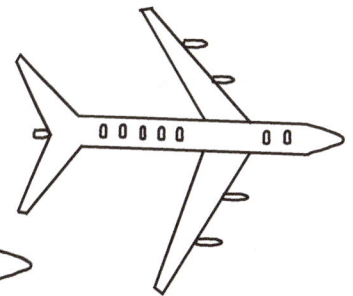

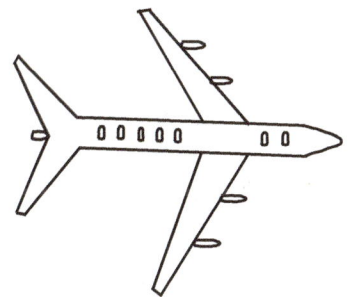

28

On the Twenty-Eighth Day of Homowo

Twenty-eight royal houses send out twenty-eight messengers all dressed in white to ring in New Year greetings, Nnoo Wala, in twenty-eight cities. Accompanied by twenty-eight drums and horns they belt out hearty greetings of long life, peace and prosperity. After the Royal New Year's greeting, twenty-eight households in each clan move from house to house to extend New Year's greeting.

Twenty-eight communities visit twenty-eight clans in twenty-eight cities to settle twenty-eight year old squabbles.

Twenty-eight radio stations play for one last time the quintessential New Year's song: Afi Aya Ni Eba Nina Wo.

Until the next twenty-eight days of Homowo: Afi O Afi, Happy New Year!

Find It

House pet. What does the white water lily stand for?

Spot the difference

What does it symbolise - trotro truck on a jack!

Gbi ni ji Nyɔŋmai-Enyɔ-kɛ-Kpaanyɔ yɛ Hɔmɔwɔ Be

Odehei ashĩaŋ nyɔŋmai-enyɔ-kɛ-kpaanyɔ tsu maŋshielɔi nyɔŋmai-enyɔ-kɛ-kpaanyɔ ni amɛwula kɛ niyɛŋ ni amɛya hã maŋbii yɛ majii wuji nyɔŋmai-enyɔ-kɛ-kpaanyɔ amli fɛɛ Ŋɔɔ Wala. Obonuyilɔi kɛ koofɛŋ kpãlɔi nyɔŋmai-enyɔ-kɛ-kpaanyɔ kɛ miishɛɛ fata amɛhe kɛyahã maŋbii Afihee Jɔɔmɔ Ŋamɔ: Wala, Toiŋjɔlɛ, kɛ Ninamɔ.

Ni maŋshielɔi lɛ gbenaa pɛ, shĩaiaŋ nyɔŋmai-enyɔ-kɛ-kpaanyɔ hu ya hã mɛi ni yɔɔ amɛ bluhui amli Ŋɔɔ Wala. Akutsei nyɔŋmai-enyɔ-kɛ-kpaanyɔ yasrasrai weku shĩaŋ nyɔŋmai-enyɔ-kɛ-kpaanyɔ kɛ kpãta sajii ni efite amɛteŋ afii nyɔŋmai-enyɔ-kɛ-kpaanyɔ sɔŋŋ.

Radio nyɔŋmai-enyɔ-kɛ-kpaanyɔ tswa Hɔmɔwɔ gbijurɔ lala "Afi Aya Ni Eba Nina Wɔ" naagbee nɔ.

Wɔ hi shi nɛkɛ nɔŋŋ kɛyaashi Hɔmɔwɔ gbii nyɔŋmai-enyɔ-kɛ-kpaanyɔ yɛ afi kokro mli aabanina wɔ ekoŋŋ.

Taomɔ

Shĩa kooloo. Mɛni numli 'lily' fɔfɔi yɛjii lɛ dãmɔ shi hã?

Kadimɔ srɔto ni yɔɔ mli

Mɛni ji eshishi? Trɔtrɔ ni tsotsro 'jack' nɔ?

127

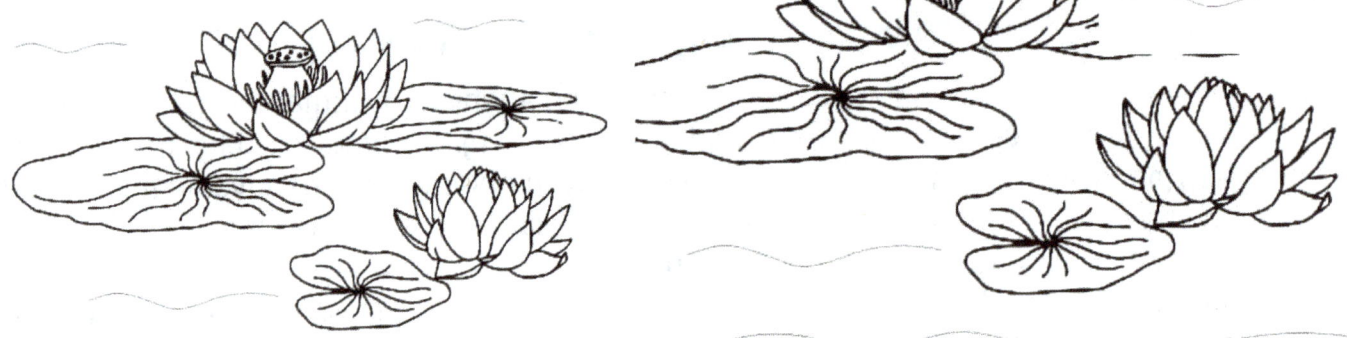

OMANYE SANE

Afi Aya Ni Eba Nina Wɔ

Love ♥ Hope
Blessed Faith

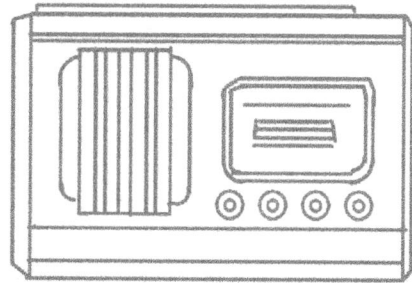

Agbo We

You Should Know
Why do the Gã celebrate Homowo?
Homowo is both a Thanksgiving and New Year's celebration.

At some point in their history the Gã experienced a prolonged famine that could have wiped them out but Okplejen, the Most High God, intervened in good time with good rains which led to bumper harvests. Homowo, in a plain sense means hooting at hunger. However, it means more than that: it is to celebrate and thank God for the good harvests which ended the crisis of famine. The celebration was incorporated into their New Year Celebration activities. The Gã New Year celebration falls around the Harvest season and so the two are fused into one long event: August/September.

Esa Ni Ole
Mɛni Hewɔ Gãmɛi yeɔ Homɔwɔ?
Homɔwɔ ji Shidaa kɛ Afi Hee Kpeemɔ gbijurɔ. Be ko ni eho lɛ, homɔ ba Gãmɛi akpokpai anɔ ejaakɛ nu enɛɛ ni ŋmɔshinii aaba. Jee sane bibio! Amɛna akɛ kɛ Nyɔŋmɔ kpãtãa Gamɛi baatã yɛ jeŋ. Lɛlɛŋ, Okplejeŋ na mɔbɔ, ni ehã nu nɛ ni nii ba, ni homɔ sɛɛ fo. No hewɔlɛ kɛ Gãmɛi miiwoa homɔ yi lɛ, amɛmiikɛɛ akɛ, "Maawu oyiwaladɔŋ akɛ ohãa homɔ agbewɔ shi moŋ ohã nu nɛ, ni nii ba, ni ŋmɛnɛ wɔfa pii ni wɔ shwere." Gãmɛi kɛ Shidaa Gbijurɔ nɛɛ fata Afi Hee Kpeemɔ gbijurɔ he ejaakɛ nikpamɔ be hu gbeɔ nakai beiaŋ nɔŋŋ: Manyawale/Gbo.

Did You Know?
Homowo is a five part celebration:
• Meditation Retreat Season
• Gift Giving
• Remembrance
• Thanksgiving Celebration
• New Year's Celebrations

Ani Ole Lo?
Ole akɛ Homowɔ gbijurɔyeli yɛ mlijaa enumɔ?
• Gbɛmlilaa
• Nikee Hãmɔ
• Kaimɔ
• Kõ-yeli Shidaa
• Afi Hee Henyamɔ

Questions
Part A
i. What activities would you like to do with your family during Meditation Retreat Season?
ii. What novelty gifts can you make for your family and friends during the gift giving period of Homowo? List them. Would you start gathering materials to make them?

iii. Why do you think it is important to remember family members and friends who passed during the year on Homowo Remembrance Day? Have you participated in any kind of Remembrance Day events or activities? Which is the most popular Remembrance Day celebrated in most parts of the world?

iv. How does your family celebrate Thanksgiving?

v. Make a banner with the four colors of Homowo: green, black, white and gold. What do these colors stand for? (Note: green stands for life; black for integrity and knowledge; white for acknowledgement of God, and the gold for prosperity)

vi. How does your family celebrate the New Year?

Nibimɔi
Mlijaa A

i. Mɛni obaasumɔ ni okɛ owekumɛi afee kɛtsɔɔ akɛ eshɛ Gbɛmlilaa?

ii. Mɛni nikeenii srɔtoi komɛi obaasumɔ ni okɛ oshĩabii afee ye Homɔwɔ be mli? Ŋmaa ofɔshi. Agbɛnɛ sani obua nibii ni okɛbaafee nikeeniii nɛɛ anaa. Aloo?

iii. Mɛni hewɔ ni esa akɛ akai wekumɛi kɛ nanyemɛi ni etsɔ amɛsɛɛ ye Homɔwɔ be mli? Ani ofata mɛi ahe kɛfee kaimɔ gbijurɔ ko lo? Mɛni ji kaimɔ gbijurɔ wulu ko ni jeŋmajii babao fɔɔ yeli?

iv. Te oyeɔ Kɔ̃-yeli ye oshĩa ohãa tɛɛ?

v. Feemɔ aflaŋai kɛ Homɔwɔ sui ejwɛ lɛ: baaŋmɔŋ, ediŋ, eyɛŋ kɛ shika tsuru. Mɛni osusuɔ akɛ sui srɔtoi ejwɛ nɛɛ damɔshi ehã.
(Toiheflimɔ: baaŋmɔŋ damɔ shi hã wala; ediŋ tsɔɔ akɛ anɔkwayeli kɛ nilee ji hewalɛ; eyɛŋ shishi ji Ja Nyɔŋmɔ - lɛ pɛ dɛŋ nibii fɛɛ jeɔ, kɛ jee lɛ mɔ ko bɛ; shika tsuru damɔ shi hã shweremɔ)

vi. Mɛni okɛ owekumɛi feɔ kɛkpeɔ Afi Hee?

Part B

i. Do you know of any Thanksgiving festivals around the world? List them and provide the reasons why these cultures celebrate Thanksgiving.

ii. Create your own abacus to count months in the year?

iii. What are you thankful for? Would you list them and tell others about them?

iv. What are some of the best ways to show gratitude?

v. Who should all of our gratitude be given to?

vi. How Festivals are celebrated change over time. What kind of changes would you like to make to Homowo that could bring progress and promote unity?

Mlijaa B

i. Ole Shidaa gbijurɔ krokomɛi ni ayeɔ ye majii komɛi amli lo? Tsɔɔmɔ nɔni hewɔ ni majii nɛɛ yeɔ nɛkɛ Shidaa gbijurɔ nɛɛ.

ii. Bodiɛŋtsɛ gbɔɔ nyɔjii kanemɔ nɔ ko ni blɔfo tsɛɔlɛ 'abacus' lɛ ni okɛbɔi nyɔjii akanemɔ ye afi lɛ mli.

iii. Mɛni ji nɔ ko ni mɔ ko edrɔ bo? Obaasumɔ ni oŋma ofɔshi ni oha mɛi hu ale lo?

iv. Mɛni ji gbɛi srɔtoi anɔ ni obaanyɛ otsɔɔ akɛ ohiɛ esɔ nɔ ko ni mɔ ko fee ha bo?

v. Namɔ krɛdɛɛ esa akɛ wɔkɛ shidaa fɛɛ aha?

vi. Gbijurɔyeli yɔɔ nɛɛ bɔni ayeɔ lɛ lɛ tsakeɔ ye yinɔ fɛɛ yinɔ nɔ. Mɛni obaasumɔ ni otsake ye Homɔwɔyeli he ni baaha nɔyaa kɛ ekomefeemɔ aba majii amli kpɛŋŋ.

Part C
Ga Values

I. What is the most prized value of the Gã?
   Answer: Integrity

II. Which root word in the Gã language captures this value or principle?
   Answer: the root word *gba* the first digraph, *gb*, in the Gã language, which means prophesy or inspire as in:

gbaa – prophesy
gbalɔ – prophet
gbaa sane – converse, which means, whatever conversation a Gã holds with another must be inspirational, truthful and prophetic.
gbatsu – prophesying room, a place where a true Gã goes to seek truth about life in the presence of God Almighty. A true Gã will make his home a true *gbatsu* where God's presence dwells.

III. Which is the second most important value of the Gã?
   Answer: freedom or fierce independence

IV. Some cultures value freedom as the greatest value. Some cultures like the Gã value integrity as the greatest value. Which of these two values do you think is the most valuable and why?

Mlijaa C
Gãmɛi Ajeŋba kɛ Nifeemɔ kudɔlɔi

i. Mɛni tuuntu kudɔɔ Gãmɛi ajeŋba kɛ nifeemɔ?
   Naajiemɔ: anɔkwayeli

ii. Mɛɛ Gã shikwɛ̃ɛ wiemɔ tsɔ̃ɔ nɔ tuuntu ni kudɔɔ Gãmɛi ajeŋba kɛ nifeemɔ?
   Najiemɔ: shikwɛ̃ɛ wiemɔ lɛ ji *gba* tamɔ bɔni akeɔ akɛ:

gbaa – kɛji mɔ ko na wiemɔ ko kɛjɛ Okplejeŋ dɛŋ ni ehãa mɛi leo.
gbalɔ – mɔni naa wiemɔ kɛjeɔ Nyɔŋmɔ dɛŋ
gbaa sane – Gãnyo fɛɛ Gãnyo sanegbaa afee nɔni woɔ mɔmumɔ nɔ.
gbatsu – heni okɛ Nyɔŋmɔ kpeɔ yɛ koni ole lɛ yɛ anɔkwale mli. Gãnyo krɔŋŋ lɛ ebaafee ewalashihilɛ gbatsu kpakpa ni Okplejeŋ ahi mli daa.

iii. Yɛ anɔkwayeli sɛɛ nɔni ji enyɔ ni kudɔɔ Gãmɛi ajeŋba kɛ nifeemɔ ji?
   Najiemɔ: heyeli ni yɛ ekãa.
iv. Jeŋmajiiabii komɛi susuɔ akɛ heyeli akɛ jeŋba kɛ nifeemɔ kudɔlɔ lɛ hi fe anɔkwayeli. Mɛni ji nɔni osusuɔ?

Part D
Gã Calendar

i. How did the Ga calculate the year in the past?
Answer: The Calendar keepers of the Gã in the past were the priest-kings. Using their knowledge of the stars and certain patterns in winds, they counted the days and months using age-old cowries and special pebbles, an abacus of sorts, to determine the days on which each cardinal rite must be performed.

ii. What is the meaning of the Gã New Year Greeting: Kpaanyɔ abanina wɔ?
The New Year greeting *kpaanyɔ abanina wɔ,* which means, may we see the eighth, reflects the order of weeks in the Gã calendar, which is made up of fifty one weeks. In the Gã calendar the first week of the year is made up of eight days while the rest of the weeks in the year each have the regular seven days. The greeting therefore means that you are blessed to see and enter the New Year. There are only 357 days in the Gã Calendar, with a total of 51 weeks, that is, 12 moons of 28 days plus three weeks.

Mlijaa D
Gãmɛi Abeitsɔɔmɔ

i. Tsuutsu be mli lɛ, te Gãmɛi kadiɔ nyɔjii yɛ afi mli amɛhãa tɛɛ?
Naajiemɔ: Beni beitsɔɔmɔ wolo bɛ lɛ, wulɔmɛi ji mɛini kaneɔ gbii kɛ otsii ni yɔɔ afi mli hãa maŋbii. Amɛkwɛɔ ŋulamii komɛi kɛ kɔɔyɔɔ komɛi kɛ waa amɛ kaneɔ be. Amɛtɔɔ be lɛ naa kɛ trema kɛ fɔbitei, tamɔ bɔni blema bii lɛ fee yɛ Sudan lɛ kɛtsɔɔ be ni sa ni aje Hɔmɔwɔyeli shishi kɛ beni sani ni amu naa ni aje afi hee shishi.

ii. Mɛni hewɔ ni Gãmɛi ŋaa amɛhe kɛ wiemɔ nɛɛ yɛ afi hee mli: Kpaanyɔ abanina wɔ?
Nɛkɛ ŋamɔ nɛɛ tsɔɔ Gã beitsɔɔmɔ gbɛjianɔtoo. No ji, yɛ Gã beitsɔɔmɔ naa, otsii nyɔŋmai-enumɔ-kɛ-ekome yɔɔ afi mli. Shi otsi ni jeɔ afi lɛ shishi lɛ hiɛ gbii kpaanyo, ni otsii ni nyiɛsɛɛ lɛ fɛɛ hiɛ gbii kpawo. Hewɔ lɛ kɛ aŋamɔ akɛɛ akɛ Kpaanyɔ abaninao lɛ, no tsɔɔ akɛ adro bo ni obote afi hee mli. Yɛ Gã beitsɔɔmɔnaa ayɛ gbii ohai etẽ kɛ nyɔŋmai-enumɔ-kɛ-kpawo yɛ afi mli. Ayɛ otsii nyɔŋmai enumɔ kɛ ekome, ni ji, nyɔŋtsere puemɔ nyɔŋma-kɛ-enyɔ ni eko fɛɛ eko hiɛ gbii nyɔŋmai-enyɔ kɛ kpaanyo, ni otsii etẽ jwere nɔ yɛ Gã afi mli.

Homowo Banner/Hɔmɔwɔ Aflaŋai

Part E
Homowo Banner/Flag: Symbols and Meaning

The six divisions in the flag, that is, the four triangles and two rectangles, represent the six Gã states: Tema, Nungua, Teshie, La, Osu and Gã Mashi. The color green stands for life and gold stands for prosperity. The two black swords stand for integrity and knowledge. The crossing of the two swords means that by combining integrity and knowledge a community becomes strong and great. In the middle of the flag is an ancient African anchor or double decker umbrella, which are the Gã symbols for 'Ja Nyɔŋmɔ,' (Except God Alone). This symbol, like a glue, holds together everything on the flag, which means that only God can make the community thrive when they look to him. The star that crowns the 'Ja Nyɔŋmɔ' recalls a time the Gã had an association with the Hebrews in Egypt.

Mlijaa E
Hɔmɔwɔ Aflaŋai Lɛ Shishi Tsɔ̃ɔmɔ

Aflaŋai mlijaa ekpaa lɛ damɔ shi hã Gã majii maŋtsɛyelii ekpaa lɛ (Tɛma, Nungua, Tɛshie, La, Osu, kɛ Gã-Mashi): koji-etɛ̃etɛ̃ ejwɛ, kɛ koji-ejwɛejwɛ hu enyɔ. Eŋɔli su lɛ damɔ shi hã wala. Shika tsuru su lɛ damɔ shi hã shweremɔ. Klaŋte edijii enyɔ lɛ, ekome damɔ shi hã anɔkwayeli, ni ekome hu damɔ shi hã nilee. Eko ble eko nɔ ni tsɔ̃ɔ akɛ anɔkwayeli kɛ nilee ji Gãmɛi ahewalɛ kɛ agbojee. Kɛ maŋbii tuu nɛkɛ nibii enyɔ nɛɛ asɛɛ kɛ wulashi lɛ amɛmaŋ lɛ naa hewalɛ kɛ agbojee. Sama 'Ja Nyɔŋmɔ' ni yɔɔ aflaŋai lɛ teŋ lɛ tsɔ̃ɔ akɛ nibii nɛɛ fɛɛ yeɔ emuu kɛ Gãmɛi ahiɛ kã Nyɔŋmɔ pɛ nɔ. Ejaakɛ kɛ jee lɛ lɛ gbɔmɔ bɛ nɔhiɛkãmɔ. 'Ja Nyɔŋmɔ' sama lɛ ji sɛkɛ loo akataŋwia kɛ ebi ni damɔ nɔ lɛ. Ŋulami ni ewula eyiteŋ lɛ tsɔ̃ɔ akɛ Gãmɛi kɛ Hebriibii na bɔlɛ beko ni eho yɛ Egypt.

Part F
Homowo Activity Chart

Each part of Homowo has been assigned a color. Pick activities in the story that fall under each of the five parts of Homowo and shade the cell above the activity the color of the Homowo part it belongs to. Note that certain activities run through all 28 days of Homowo while others run only for a few days or just one day. For example if you choose 'prayer' as an activity under Meditation Retreat, you will have to shade the cell above it green to show that it belongs to that part of Homowo. This prayer activity for example runs through three weeks, which means you can color days in each of the first three weeks with this activity as shown in the charts. Use the color code assigned below.

Meditation Retreat Season - green
Gift Giving - gold
Remembrance - black
Thanksgiving – green with white dots
New Year's Celebration – white with gold dots

Fill In Your Chart with Colors
Meditation Retreat Season

Which activities in the story match this part of Homowo? Write one activity in the bottom part of each cell of any day of your choice in any of the four-week Homowo Calendar, and then shade in with the color chosen for the Meditation Retreat Season.

Gift Giving

Which activities in the story match this part of Homowo? Write one activity in the bottom part of each cell of any day of your choice in any of the four-week Homowo Calendar, and then shade in with the color chosen for Gift Giving.

Remembrance

Which activities in the story match this part of Homowo? Write one activity in the bottom part of each cell of any day of your choice in any of the four-week Homowo Calendar, and then shade in with the color chosen for Remembrance.

Thanksgiving

Which activities in the story match this part of Homowo? Write one activity in the bottom part of each cell of any day of your choice in any of the four-week Homowo Calendar, and then shade in with the color chosen for Thanksgiving.

New Year's Celebration

Which activities match this part of Homowo in the story. Write one activity in the bottom part of each cell of any day of your choice in any of the four-week Homowo Calendar, and then shade in with the color chosen for New Year's Celebration.

Do you see a pattern in each week's activities?

Mlijaa F
Beitsɔɔmɔ Wolo Kɛ Hã Hɔmɔwɔ Nifeemɔi

Ahã Hɔmɔwɔ nifeemɔnii mlijaa enumɔ lɛ eko fɛɛ eko su. Kɛji okane adesa ni yɔɔ wolo nɛɛ mli lɛ obaana akɛ eko fɛɛ eko mli ayɛ nibii srɔtoi ni afeɔ. Dmaa nibii ni afeɔ yɛ Hɔmɔwɔ nifeemɔnii mlijaa enumɔ lɛ eko fee eko mli yɛ beitsɔɔmɔ wolo lɛ mli. Agbɛnɛ shɔɔmɔ nɔ kɛ su ni akɛbaa yoo Hɔmɔwɔ nifeemɔnii mlijaa enumɔ ni afeɔ nɛkɛ nii nɛɛ. Obaana akɛ nibii lɛ ekomɛi abaanyɛ afee gbii komɛi yɛ otsi fɛɛ otsi mli kɛyaashi otsi naagbe nɔ ni ji ejwɛ lɛ. Sɔlemɔ nɛkɛ̃ yɔɔ nɛɛ abaanyɛ afee gbi fɛɛ gbi yɛ otsi fɛɛ otsi mli kɛyaashi otsi ni ji etɛ̃ bɔni afee yɛ beitsɔɔmɔ wolo nɔkwɛmɔnɔ yɛ baafa ni tsa enɛ nɔ lɛ.

i.   Gbɛmlilaa - eŋɔli
ii. Nikee Hãmɔ - shika tsuru
iii. Kaimɔ - ediŋ
iv. Kɔ̃-yeli Shidaa – eŋɔli kɛ emli koklobii eyɛjii
v.   Afi Hee Henyamɔ - eyɛŋ kɛ emli koklobii ni hiɛ shika tsuru su.

Shɔɔmɔ kɛ Sui
Gbɛmlilaa

Dmaa nibii ni afeɔ kɛ ala gbɛ mli yɛ gbi fɛɛ gbi yɛ otsi fɛɛ otsi mli ni osumɔɔ. Kɛ ogbenaa lɛ shɔɔmɔ kɛ su ni akɛ baayoo akɛ lɛɛlɛŋ Gbɛmlilaa nifeemɔnii ni (eŋɔli).

Nikee Hãmɔ

Dmaa nibii ni afeɔ yɛ Nikee Hãmɔ be yɛ gbi fɛɛ gbi yɛ otsi fɛɛ otsi mli ni osumɔɔ. Kɛ ogbenaa lɛ shɔɔmɔ kɛ su ni akɛ baayoo akɛ lɛɛlɛŋ Nikee Hãmɔ be nii ni (shika tsuru).

Kaimɔ

Dmaa nibii ni afeɔ yɛ Kaimɔ be yɛ gbi fɛɛ gbi yɛ otsi fɛɛ otsi mli ni osumɔɔ. Kɛ ogbenaa lɛ shɔɔmɔ kɛ su ni akɛ baayoo akɛ lɛɛlɛŋ Kaimɔ be nii ni (ediŋ).

Kɔ̃-yeli Shidaa

Dmaa nibii ni afeɔ kɛ eshɛ Kɔ̃-yeli be yɛ gbi fɛɛ gbi yɛ otsi fɛɛ otsi mli ni osumɔɔ.
Kɛ ogbenaa lɛ shɔɔmɔ kɛ su ni akɛ baayoo akɛ lɛɛlɛŋ Kɔ̃-yeli be nii ni (eŋɔli kɛ koklobii eyɛjii).

Afi Hee Henyamɔ

Ŋmaa nibii ni afeɔ kɛ eshɛ Afi Hee Henyamɔ yɛ gbi fɛɛ gbi yɛ otsi fɛɛ otsi mli ni osumɔɔ. Kɛ ogbenaa lɛ shɔɔmɔ kɛ su ni akɛ baayoo akɛ lɛɛlɛŋ Afi Hee Henyamɔ nii ni (eyɛŋ kɛ koklobii shika tsuru).

Ani oona akɛ otsiotsi obeitsɔɔmɔ wolo lɛ miina sui ashikamɔ pɔtɛɛ ko lo?

WEEK ONE/KLƐŋKLƐŋ OTSI

DAY/GBI	ACTIVITIY/NƆ NI AFEƆ		
SUNDAY HƆGBAA	Church Prayers Sɔlemɔtsuŋ sɔlemɔ	Prayer with Friends Naanyemɛi kɛ sɔlemɔ	Family Time Prayers Weku sɔlemɔ
MONDAY JU			
TUESDAY JUFƆ			
WEDNESDAY SHƆ			
THURSDAY SOO			
FRIDAY SOHAA			
SATURDAY HƆCH			
			Food Hampers for Street Children.Niyeniijaa kɛha gbekɛ̃bii ni bɛ wɔɔhe.

WEEK TWO/OTSI NI JI ENYƆ

DAY/GBI	ACTIVITIY/NƆ NI AFEƆ		
SUNDAY **HƆGBAA**			███████████
			Visit Ancestral Family House Sramɔ Weku Shĭa
MONDAY **JU**			
TUESDAY **JUFƆ**			
WEDNESDAY **SHƆ**			
THURSDAY **SOO**			
FRIDAY **SOHAA**			
SATURDAY **HƆƆ**			

WEEK THREE/OTSI NIJI ETẼ

DAY/GBI	ACTIVITIY/NƆ NI AFEƆ		
SUNDAY **HƆGBAA**			
MONDAY **JU**			
TUESDAY **JUFƆ**			
WEDNESDAY **SHƆ**			
THURSDAY **SOO**			
FRIDAY **SOHAA**			
SATURDAY **HƆƆ**			

DAY/GBI	ACTIVITIY/ƆN NI AFEƆ		
SUNDAY HƆGBAA			
MONDAY JU			
TUESDAY JUFƆ			
WEDNESDAY SHƆ			
THURSDAY SOO			
FRIDAY SOHAA			
SATURDAY HƆH			

Homowo Dinner Table
Hɔmɔwɔ Okplɔ̃ŋmɛɛ

Served Portion/Mɔkome Salɛ
white kpokpoi with garnished fish steak
kpokpoi yɛŋ kɛ loo ni asha

Served Portion/Mɔkome Salɛ
main course & side dish/niyenii kɛ ehefatalɔ

Nmedaa/Ŋmɛdaa
beverage/daa

Palm soup/Ŋmewonu
main course/niyenii

Kpokpoi
garnished main course/niyenii

Anyoto Candy/Anyɔtɔ

Veggies/Ŋmɔshinii
side dish/niyenii hefatalɔ

Fruit Tray/Adoawai
dessert/daŋjiemɔnii

Aduŋlei/Aduŋlei
appetizer/sɛŋkɔmɔnii

Homowo Festival Food
Making Kpokpoi

Dry grains of corn are soaked in water for three days.

After three days the fermented water is drained out, grains washed with fresh water and then taken to a corn mill and ground into cornmeal.

A small portion of the cornmeal is mixed with water into dough and used to cover the surface of the cornmeal overnight.

The dough is removed from the surface of the cornmeal. The cornmeal is placed in a colander and steamed. The corn dough is used as a plaster between the pot of boiling water and colander on top to stop steam from escaping.

Seasoned palm oil and ground cooked okra are added to the steamed cornmeal and mixed thoroughly by pounding all ingredients together in a mortar with a pestle. You can opt for white kpokpoi by just adding the blended seasoned cooked okra only to the steamed corn meal.

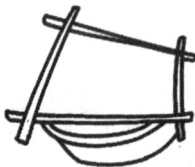

The pounded seasoned steamed cornmeal is sifted to remove any lumps for finer particle sizes.

A heaping of fine-seasoned-steamed-cornmeal, kpokpoi, is pressed into a conical shape in a bowl and served with palm soup.

Hɔmɔwɔ Niyenii
Kpokpoi Hoomɔ

Afɔɔ abele gbii, gbii etɛ̃

Gbii etɛ̃ sɛɛ lɛ afɔteo nusha lɛ ashweɔ ni ajaleɔ abele lɛ he, kɛkɛ aya gbɛlɛ.

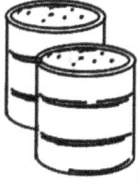

Kɛji agbɛlɛ atã lɛ, akpɔtɔɔ ma lɛ fioko ni akɛ tsaraa abele ni agbɛlɛ lɛ hie kɛyaashi jetsɛremɔ.

Kɛ jetsɛre lɛ, akɛ sɔɔnɔnii taa dadesen ni akɛ nu bɔni sa ewo mli, ni akɛ maa la nɔ. Akɛ ma ni ajie yɛ abele ni agbɛlɛ lɛ hie tsaraa gbɛ ni ka sɔɔnɔnii kɛ dadesen lɛ ten koni lamɔ lɛ ahi dadesen lɛ mli. Kɛ nula lɛ bõi tswaa lɛ akɛ abele ni agbɛlɛ lɛ eko woɔ sɔɔnɔnii ni akɛ kutsa ehamli lɛ mli (koni abele ni agbɛlɛ lɛ akɛ tsõ bui lɛ amli), kɛkɛ lɛ abu sɔɔnɔnii lɛ naa.

Kɛ abele ni agbɛlɛ lɛ be lɛ, atsõɔ awoo okpolu mli. Akɛ mutsuru ni ashi mli kɛ ŋoo kɛ nibii ni haa niyenii ŋma kɛ ŋɔɔmɔ, kɛ agbɛnɛ hu eŋmɔmi ni ahoo ni awiɛ, futuɔ abele ni agbɛlɛ ni ebe lɛ. Kɛ agbe enɛ naa lɛ atsõɔ awoo ŋmetso mli ni ashiɔ koni fɛɛ afutu ojogbaŋ. Obaanyɛ ofee kpokpoi yɛŋ hu: okɛ ŋoo kɛ nibii ni haa niyenii ŋma kɛ ŋɔɔmɔ baafata eŋmɔmi ni ahoo omo lɛ he, kɛkɛ owiɛ amɛ kɛfutu abele ni agbɛlɛ ni ebe lɛ he kɛkɛ lɛ oshi.

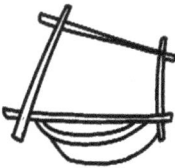

Kɛ agbe enɛ naa lɛ ashaa mli yɛ shaanii mli koni efee munyɔmunyɔ fɛfɛo.

Atiɔ awoo plɛtɛ mli tamɔ otɔ ni akɛ ŋmewonu shwieɔ he kɛkɛ lɛ aye lɛ kɛ mishɛɛ.

145

Homowo Festival Food
Cooking Palm Soup

Palm nuts are washed and cooked, and then pounded to separate nuts from the pulp. Water is added to the pulp and mashed thoroughly to extract the juice. Pulp extract is poured into a cooking pot.

Fresh tomatoes, onions, chili peppers, okra and garden eggs are added to the pulp extract in a pot and placed on stove to cook.

When the vegetables are cooked, all of them are taken out of the boiling pulp extract. All the tomatoes, onions, some of the chili peppers and garden eggs are finely blended and added back to the pot.

Other spices like ginger and grains of selim are added too. When the ground vegetables are added to the pot, the festival fish: chunks of smoked red snappers along with smoked tuna are also added.

The soup is ready when it thickens and oil forms on the surface. The cooked okra and the rest of the cooked garden eggs are added when the soup is done.

The palm soup is served in a bowl or scooped over kpokpoi.

Hɔmɔwɔ Niyenii
Ŋmewonu Hoomɔ

Afɔɔ ŋme he ni akɛ maa la nɔ. Kɛ ebe lɛ ashiɔ yɛ ŋmetso mli, kɛkɛ ajie emli wui lɛ. Nɔni shwɛɔ lɛ akɛ nu futuɔ ni akpɔtɔɔ lɛ ojogbaŋŋ kɛkɛ adoo yɛ sɔɔnɔnii (sɔɔi) mli koni ajie asrabii ni yɔɔ mli lɛ.

Kɛ agbenaa lɛ atsɔ̃ awoɔ dadesɛŋ mli ni akɛ ameo, sabolai, shitɔ, eŋmɔmi, kɛ sɛbɛ emujiiemujii fataa he ni akɛ maa la nɔ.

Kɛ ŋmɔshinii ni yɔɔ wonu lɛ mli lɛ be lɛ, ajiɔ ama kɛjɛɔ wonu lɛ mli. Awiɛɔ ameo lɛ fɛɛ, sabolai lɛ fɛɛ, kɛ sɛbɛ kɛ shitɔ lɛ ekomɛi kɛ woɔ wonu lɛ mli.

Akɛ so kɛ kakatsofa hu nyɛɔ shwieɔ nɔ. Agbɛnɛ hu akɛ tsile kɛ odaa loo hu woɔ wonu lɛ mli.

Kɛ ona akɛ wonu lɛ mli efi ni fɔ ebɔ̃i hiɛ baa pɛ, no tsɔ̃ akɛ wonu lɛ ebe.

Kɛ ebe lɛ, aloo sɛbɛ kɛ shitɔ kɛ eŋmɔmi mujiimujii ni eshwɛ ni ahoo momo lɛ awoɔ wonu lɛ mli.

Atsɔ̃ ŋmewonu lɛ awoɔ kã mli kɛ hãa mɛi; ni anyɛɔ akɛ shwieɔ kpokpoi lɛ nɔ nakai hu ni ayeɔ.

Homowo Festival Beverage
Making Nmedaa and Yoolo

	Corn is immersed in water to encourage the grains to sprout. The sprouted corn is dried in the sun. It is then taken to the mill and ground.
	Water is added to the ground sprouted corn and boiled until is it cooked. Caramel is stirred into the pot turning it into the color of malt. The pot is then covered with cheese cloth and allowed to cool completely.
	The cooled mixture is strained and the nmedaa drink is ready. The thick liquid that remains after the straining process is called yoolo, a favorite of many who believe it has medicinal value.

NOTE: Ŋmɛdãa is made up of two words: Ŋmaa which is millet and Dãa, which is beverage. Since the arrival of corn, millet has replaced it in the processing of this drink.

Hɔmɔwɔ Dãa
Ŋmɛdãa kɛ Yoolo Hoomɔ

	Awoɔ abele gbii nu ni ekwɛ̃. Kɛ ebɔ̃i kwɛ̃ɛ pɛ kɛkɛ ajie aka yɛ hunu nɔ ni egbi. Kɛ egbi bɔni sa lɛ, kɛkɛ awo aya gbɛlɛ.
	Agbɛnɛ ahoɔ sikle kɛyaashi eetsɔ̃ mlase. Kɛ etsɔ̃ mlase pɛ, akɛ maashi koni ehe ajɔ. No sɛɛ lɛ akɛ nu fataa abele ni ekwɛ̃ ni aya gbɛlɛ lɛ he ni ahoɔ be saŋ. Kɛ ebe lɛ, akɛ mlase lɛ eko futuɔ ni no haa etsɔ̃ ediŋ. Ahaa dãa lɛ nɔ kɛ mama kɛyaashi ehe baajɔ ojogbaŋ.
	Kɛ ehe jɔ lɛ, adoɔ, kɛkɛ agbe ŋmɛdaa feemɔ lɛ naa. Eshishi ni shwɛɔ lɛ ji yoolo, ni mitsiimɔ feɔ tamɔ malt lɛ. Mɛi heɔ yeɔ akɛ etsaa helai srɔtoi tamɔ otiŋshinu.

Kɛto: Ŋmɛdãa lɛ wiemɔi enyɔ ni akɛ tsa: Ŋmaa kɛ Dãa. Kɛjɛ beni abele bashɛ Gãmɛi ateŋ nɛɛ, akɛ ŋmaa efee ŋmɛdaa dɔŋ shi mɔŋ abele akɛ hoɔ.

Homowo Festival Candy
Anyoto (Pulled Caramel Candy)

	Sugar is melted until it turns golden. Some lime or lemon juice is added to the melting sugar as well. The light caramel is allowed to cool a bit.
	Small portions are stretched until they turn yellow.
	They are then rolled into strips and cut into munchable pieces and eaten with freshly cut ginger.

Hɔmɔwɔ Siklɛtɛ
Anyɔtɔ

	Akɛ sikle maa la nɔ ni ahoɔ kɛyaashi ebaatsõ mlase ni nako asrasu su jogbaŋŋ. Akɛ abonoa mlinu hu fataa he kɛ hoɔ.
	Kɛ nɛkɛ mlase nɛ he jo bɔni sa lɛ, ashatãa mli aahuu kɛyaashi ebaana wuɔfɔ su.
	Agbɛnɛ akoklɔɔ yɛ okplɔ nɔ kɛkɛ aflɔ amɛ pɛmpɛbii. Akɛ kakatsofa yeɔ.

Homowo Appetizer
Adunlei (Corn sticks)

Use the ground corn meal used for kpokpoi or you can use any corn meal from the store. Take the amount you would like to make into adunlei and divide into two equal portions.

Add water, nutmeg, and some sugar to your taste to one of the two portions in a saucepan. Place on stove and stir constantly to get a cooked dough. Cover the dough to cool. You can use ground fresh coconut and its water, or ground shredded sweetened coconut as substitutes for sugar.

After it cools, add small portions of the uncooked cornmeal and keep kneading like bread dough until you have worked all of it into the cooked dough. Cut small portions of it and roll into long sticks with both ends shaped like a sharpened pencil.

Put oil in a frying pan and place on stove. Fry sticks in hot oil till they turn golden brown. Remove from pan and let it cool. The adunlei is now ready to be served. You can opt to bake instead of frying.

Hɔmɔwɔ Sɛŋkɔmɔnii
Aduŋlei

Obaanyɛ okɛ kpokpoi abele ni agbɛlɛ afee aduŋlei. Agbɛnɛ hu obaanyɛ ohe abele ni agbɛlɛ omo yɛ shwapo mli hu ni okɛ fee. Jaa abele ni obaasumɔ ni okɛ shi aduŋlei lɛ mli enyɔ.

Kɛ nu, nutmeg, kɛ sikle bɔ ni bo osumɔɔ afata abele fã lɛ he ni okɛ ma la nɔ ni otsi tamɔ aflata. Kɛ ebe lɛ jiemɔ yɛ la lɛ nɔ. Bu naa ni ehe ajɔ. Obaanyɛ okɛ akooshi kɛ emli nu aloo obaanyɛ hu ni ogbɛlɛ akooshi ni ashɔɔ omo yɛ shwapo mli okɛfutu aflata lɛ kɛji osumɔɔ ni okɛ sikle afee.

Kɛ ehe jɔ bɔ ni sa lɛ, kɛ abele fã ni eshwɛ ni aho ko lɛ afutu mli fiofio kɛyaashi okɛ fɛɛ bafutu. Be ni okɛ futuɔ lɛ, bɛ oogbla mli bɔ ni agblaa bodobodo mli lɛ. Kɛ ofutu fɛɛ ota jogbaŋŋ lɛ, agbɛnɛ obaaflɔ amɛ bibii ni obaa koklo eko fɛɛ eko tamɔ aduŋ lei.

Agbɛnɛ kɛ fɔ ama la nɔ. Kɛ edɔ bɔni sa lɛ, loomɔ bɔni sa owo mli ni oshi. Kɛ oshi lɛ ekpakpa lɛ ebafee tamɔ kekle yɛ odaaŋ. Obaanyɛ hu ni osha yɛ flɔnɔɔ mli kɛji osumɔɔ ni oshi.

Some Gã Symbols and their Meaning
Gã Samai Akomɛi Ashishitsɔɔmɔ

Gbɔmɔ Yitsoŋ

THE MIND IS A MINE

Wao Naa
(nails are grown because of the itch)
SOCIAL SECURITY

Sakribonte
(the pumpkin bears fruit far from its farm)
HYPOCRITE
(others render it Philanthropist)

Alakaa Nyɔŋmɔ
GOD IS ALL-KNOWING
and cannot be deceived

Duade Mli Yɛ Koo
(not every variety of cassava is suitable for consumption)
QUALITY IS ESSENTIAL

Nine Sɛɛ
(The backhand cannot rival the palm)
FAMILY LOYALTY

Mɔni Yaa Faaŋ Jwaa Gbɛ
(Mistakes are natural when pursuing anything worthwhile, but don't let them deter you; persevere.)
PERSEVERANCE

Adashi
(give thanks the locust bean tree has blossomed, a new year has dawned
GRATITUDE

Kpaa Enumɔ Tsɛ
(the two and half penny pot owner does not die of thirst)
ENTREPRENEURIAL ATTITUDE/BUSINESS ACUMEN

Abobonua
(the woodpecker says when its mother dies it will soar into a crag and bury her)
PRESUMPTUOUSNESS

Ja Nyɔŋmɔ
(God is omnipotent. Nothing of value can be accomplished without him)
EXCEPT THE LORD

Kayo Yoo

DIGNITY/ HARDWORK

Nane Tsitsi Buushi Yaka
(it is not in vain the heel lies flat)
SUPPORT/CAPITAL

Mampam
(the monitor lizard is innocent so it plugs its ears)
PEACEMAKER

Tsuŋ Wolo Kpaa
(one does not starve the roofer with binding cords)
SELF DECEPTION

Lilɛi Enumɔ Wu
(Husband with five tongues)
UNTRUSTWORTHY

Shaajo
(the baobab is not used for scaffolding
LEADERSHIP IS NOT BRUTE FORCE

Ofelɛ

GOD IS ABOVE ALL

Gbaa Ohe
(apply prophecy to yourself with care)
TAKE PRECAUTION

Hiɛ Ayaa
(Progress is the future. It is better and bigger, so work towards it)
PROGRESS

Kpoŋ
(the sea dream is not caught with an empty hook)
INVESTMENT

Gbɔtsui
(When a gaping hole appears in an anthill, every rascally monkey finds their way in)
VIGILANCE

Samfee
(life is a key, hold on to it to be rich)
LIFE/OPPORTUNITY /HOPE

Kuɛŋsaa

EXPERIENCE

Some Gã symbols and suggested meanings after Michael Ashiteye Adashie, 2001, (except Ja Nyɔŋmɔ, Mɔni Yaa Faaŋ Jwaa Gbɛ, Hiɛ Ayaa and Gbɔtsui), *Gã proverbs and symbolism as basis for painting).* Adashie Gã Symbols Reproduction/Gã Samai Tɛŋmɔi *courtesy of Phoebe Naa-Dei Kotey.*

Bibliography/Wojii Ni Wa

Amartey, A. A. Gã Kasemɔ Vii, Bureau of Ghana Languages, Accra-Tema, 1991.

Amartey, A. A. Omanye Aba, Bureau of Ghana Languages, Accra-Tema, 1970.

Asante Oti-Mensah, M. Gã Wiemɔ Kɛ Kusumii: A Comprehensive Textbook, Accra, 2001.

Asmah, A. E., Clement, F, & Millicent Mateko Mate. "Proverbial Symbols in Cloth for Gã Royals," European Journal of Basic and Applied Sciences, Vol. 2 No. 3, 2015.

Boye, E. S. (2014). *"Who do the people of La worship?"* Unpublished manuscript submitted to Akrofi-Christaller Institute of Theology, Mission and Culture

https://www.facebook.com/GaDangmeRootsandHeritageFoundation/
Gã Samai, GãDangme Roots and Heritage Foundation, 2020.

Ṅmalẹ Kronkron Lẹ, The Bible Society of Ghana, Accra, 1967.

Ŋmalɛ Kronkron Lɛ, The Bible Society of Ghana, Accra, 2006.

Quartey-Papafio A. B. "The Gã Homowo Festival," African Affairs, Volume XIX, Issue LXXIV, January 1920, 126–134.

Quartey-Papafio, A. B. The Gã Homowo Festival, Journal of the African Society, vol. 19, 1919.

Reindorf, C. C. The History of the Gold Coast and Asante. Basel: Basel Mission Book Depot. 1889.

a-c. Stone anchors recovered from Mombasa waters displayed at the Fort Jesus Museum, Mombasa (Photos: Fort Jesus Museum, Mombasa).

About the Author

Flora Trebi Ollennu is both a fiction and non-fiction writer. Her children's titles include *Sunbeamy series, Crackling Cans series, Shogologo Babies, My Daily Walk series, Christmas Arrives at Lajwahé, Christmas Arrives at Lajwahé Coloring Book and Illustrated English-Ga Alphabet.* Her adult titles include *Unquenchable Fire* and *The Tourist's Story.* And she has not resisted publishing articles in both academic and literary journals. Flora Trebi-Ollennu holds a BSc (Hons) Planning from the Kwame Nkrumah University of Science and Technology, Kumasi, Ghana and a Masters in Geography from the University of Saskatchewan, Canada. A Christian, she is fascinated with how the story of the Cross is transforming cultures for the good of humanity. The fascinating eloquence of good books and how they impact people and nations, giving them hope for the future, never ceases to amaze her. Flora Trebi-Ollennu lives in Beaumont, Alberta, with her husband and four adult children.

Wolo Ŋmalɔ Lɛ

Flora Trebi-Ollennu ŋmaa adesãi kɛ nikasemɔ wojii ehãa gbekɛbii kɛ onukpai fɛɛ. Egbekɛbii awojii lɛ ekomɛi ji, *Sunbeamy series, Crackling Cans series, Shogologo Babies, My Daily Walk series, Blonyabe Yɛ Lajwahe, Blonyabe Yɛ Lajwahe Nishɔɔmɔ Wolo* kɛ *KWƐNIOKANE Ga-Blɔfo ABD*; ni onukpai anɔ ekomɛi ji, *Unquenchable Fire* kɛ *The Tourist's Story.* Agbɛnɛ hu eŋmalaa wojii bibii hu ewuɔ nikasemɔhe agboi awojii amli. Flora Trebi-Ollennu hiɛ degree yɛ Planning ni ena kɛjɛ Kwame Nkrumah University of Science and Technology, Kumasi, Ghana, kɛ emli nɔni ji enyɔ kɛjɛ University of Saskatchewan, Canada. Akɛ ni Kristofonyo ji lɛ hewɔ lɛ enyaa kɛji ekwɛ bɔni Sɛŋmɔtso lɛ sane lɛ miitsake jakui pii kɛ nɔyaa kɛ hiɛgbelemɔ kpakpa kɛ hiɛnɔkamɔ. Flora Trebi-Ollennu kɛ ehefatalɔ kɛ ebii ejwɛ lɛ hiɔ shi yɛ Beaumont, Alberta.

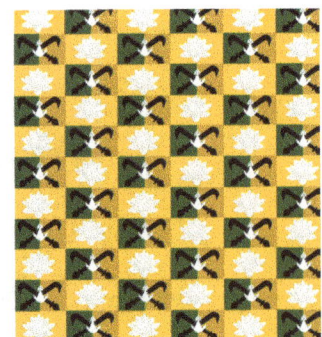

Homowo Fabric Designs

More Children's Books by Author

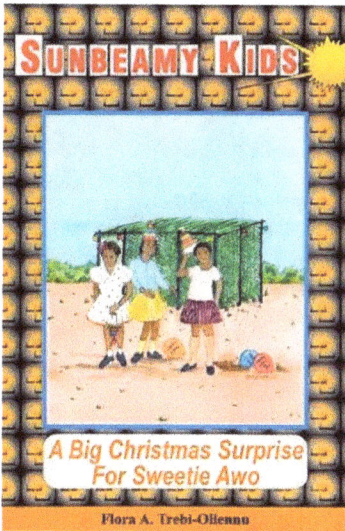

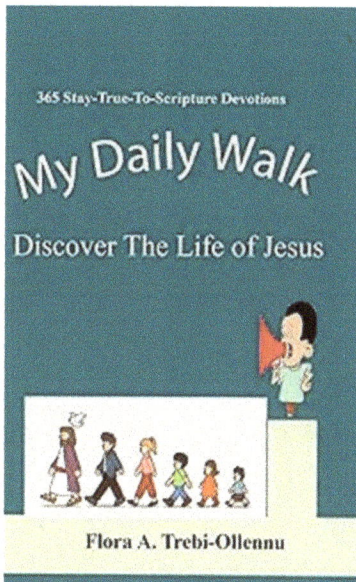

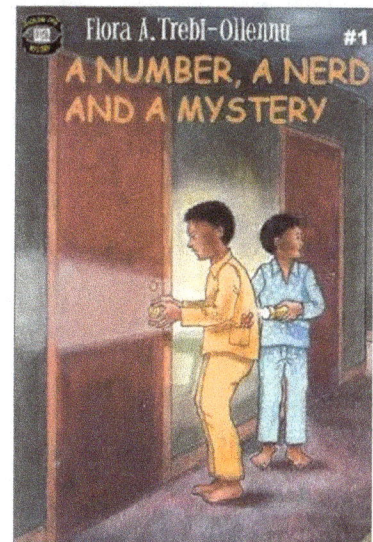

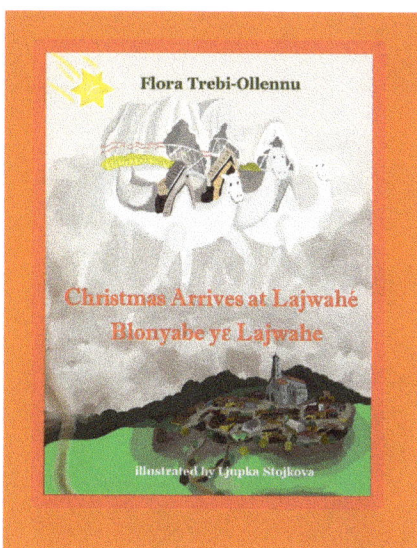

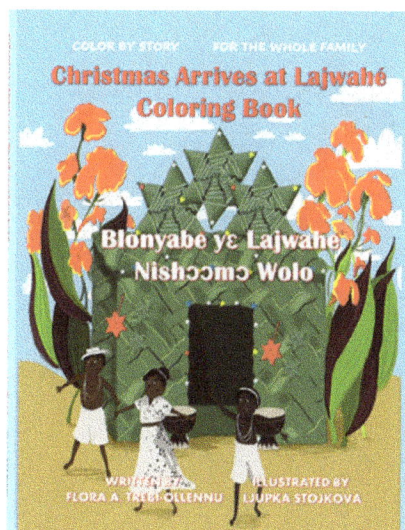

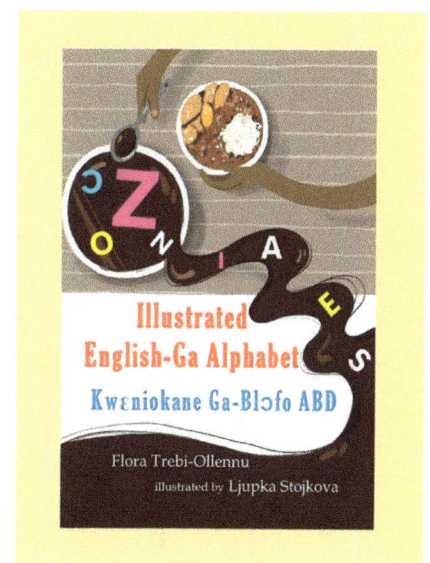

SUNBEAMY KIDS
A Big Christmas Surprise
For Sweetie Awo
Flora A. Trebi-Ollennu

SUNBEAMY KIDS #2
Will Awo really end up
in boarding school!
Sweetie Awo Goes To
Boarding School
Flora A. Trebi-Ollennu

FLORA A. TREBI-OLLENNU
SHOGOLOGO BABIES
illustrated by
JAN VANDENBERG
A WISE-RIDE Book

365 Stay-True-To-Scripture Devotions
My Daily Walk
Discover The Life of Jesus
Flora A. Trebi-Ollennu

Stay-True-To-Scripture Devotions
MY DAILY WALK
DISCOVER THE HOLY SPIRIT
Flora A. Trebi-Ollennu

Flora A. Trebi-Ollennu #1
**A NUMBER, A NERD
AND A MYSTERY**

Flora Trebi-Ollennu
Christmas Arrives at Lajwahé
Blɔnyabe yɛ Lajwahe
illustrated by Ljupka Stojkova

COLOR BY STORY   FOR THE WHOLE FAMILY
**Christmas Arrives at Lajwahé
Coloring Book**
Blɔnyabe yɛ Lajwahe
Nishɔɔmɔ Wolo
WRITTEN BY
FLORA A. TREBI-OLLENNU
ILLUSTRATED BY
LJUPKA STOJKOVA

ZONIAES
**Illustrated
English-Ga Alphabet**
Kwɛniokane Ga-Blɔfo ABD
Flora Trebi-Ollennu
illustrated by Ljupka Stojkova

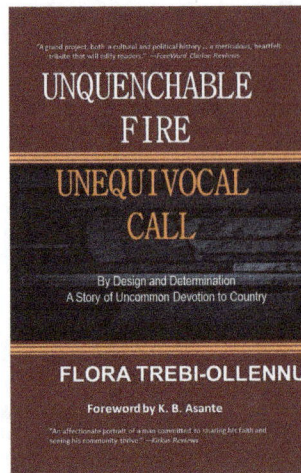

www.ingramcontent.com/pod-product-compliance
Lightning Source LLC
Chambersburg PA
CBHW080557030426
42336CB00019B/3231